Michèle Kaiser-Cooke • Wissenschaft – Translation – Kommunikation

manual

Michèle Kaiser-Cooke

Wissenschaft Translation Kommunikation

facultas.wuv

Basiswissen Translation

herausgegeben von Mira Kadrić, Universität Wien

Bibliografische Information Der Deutschen Nationalbibliothek

Die Deutsche Nationalbibliothek verzeichnet diese Publikation
in der Deutschen Nationalbibliografie; detaillierte bibliografische
Daten sind im Internet über http://dnb.d-nb.de abrufbar.

facultas.wuv, Berggasse 5, 1090 Wien, Österreich

Innengestaltung und Satz: Jürgen Schopp
Druck: Facultas AG
Printed in Austria

ISBN 978-3-7089-0039-1

Vorwort

Dieses Buch entstand aus dem Bedürfnis, StudienanfängerInnen den Sinn der wissenschaftlichen Beschäftigung mit Translation verständlich zu machen. Auch wenn die Ausbildung zur TranslatorIn in vielen Ländern seit vielen Jahren in einem universitären Rahmen stattfindet, bleibt die wissenschaftliche Dimension der Ausbildung für viele Studierende nur ein notwendiges Übel, das nun einmal durchgestanden werden muss, wenn man ein Abschlussdiplom bekommen will. Die Studierenden wollen sich hauptsächlich auf das Praktische konzentrieren, wollen etwas *tun* und nicht nur darüber theoretisieren. Denn Theorie sei ja etwas Abstraktes, das keine Relevanz für den Studienalltag und schon gar nicht für die Berufspraxis besitze. Wie eine Absolventin es einmal formulierte: Im Beruf stehst du unter so viel Zeitdruck, dass dir einfach keine Zeit bleibt für die Textanalyse. Du musst einfach schnell sein.

Es war auch dieser erfolgreichen Studentin nicht klar, dass sie gerade dank der „theoretischen" Auseinandersetzung mit Texten, mit der kulturellen Prägung unserer Verstehensprozesse und den unterschiedlichen Vertextungsstrategien überhaupt in der Lage war, „schnell" zu sein und trotzdem adäquate Übersetzungen zu liefern.

Den Zusammenhang zwischen Wissenschaft, Studium und der beruflichen Translationspraxis für Studierende klar zu machen, ist also ein explizites Ziel dieses Buches.

Es wurde mir sehr bald bewusst, dass auch der Begriff *Translation* einer Erklärung bedarf. Was *ist* denn Translation? Was kann sie sein? Wann, wie und von wem wird sie in Anspruch genommen? Wird es in Zukunft noch einen Bedarf an TranslatorInnen geben, jetzt wo Englisch als *lingua franca* den Arbeitsmarkt dominiert?

Im deutschen Sprachraum umfasst *Translation* für diejenigen, die sich wissenschaftlich damit befassen, die Tätigkeiten des Übersetzens und des Dolmetschens. Seit einiger Zeit sind sich die Fachleute auch darüber einig, dass Übersetzen und Dolmetschen – also Translation – sich nicht bloß auf der Ebene der Sprache vollziehen. Translation berücksichtigt die Art und Weise, wie Menschen die Welt sehen und verstehen, was sie darüber wissen und wie sie damit umgehen – also auch den *kulturellen Kontext* der sprachlichen Äußerungen und findet daher nicht nur zwischen zwei Sprachen statt, sondern auch *innerhalb einer* Sprache. Translation ist also kein *sprachlicher* Transfer, sondern vor allem ein *Kulturtransfer*.

Es ist dieses Verständnis von Translation, das dem neuen Bachelorstudium „Transkulturelle Kommunikation", das im Jahr 2003 am Zentrum für Translationswissenschaft der Universität Wien eingerichtet wurde, zugrunde liegt. Laut Studienplan umfasst das Studium „... die wissenschaftliche Analyse ... von Kommunikationsprozessen über Kulturgrenzen hinweg."

Translation ist Kommunikation über Kulturgrenzen hinweg. Es gilt also, den Begriff *Translation* für Studierende, AbsolventInnen und die Öffentlichkeit in diesem Sinne zu definieren und als Experten-Know-how zu präsentieren. Das Wissen darum, wie die Kommunikation über Kulturgrenzen hinweg erfolgreich und zielbewusst gestaltet werden kann, wird in vielen Bereichen der Arbeitswelt gebraucht. Das neue Bachelorstudium an der Universität Wien soll AbsolventInnen hervorbringen, die diesen Bedarf decken können.

Die AbsolventInnen des Bachelorstudiums *Transkulturelle Kommunikation* sollen sich als „praxisorientierte Fachleute im Bereich der internationalen mehrsprachigen Kommunikation" verstehen. Ihr Studium absolvieren sie an einer Universität im Rahmen der Translationswissenschaft und auf der Basis von allgemein akzeptierten translationswissenschaftlichen Grundlagen.

Die weiterführenden Masterstudien bieten zusätzliche Qualifikationen für diejenigen, die sich auf das Übersetzen oder Dolmetschen im herkömmlichen Sinn spezialisieren wollen.

Translation in diesem Kontext bedeutet also jede Tätigkeit, die der Verständigung über kulturelle oder sprachliche Kommunikationsgrenzen hinweg dient. Diese umfassende Verwendung des Translationsbegriffs macht es ganz klar, dass Translation nicht nur der Austausch von Wörtern ist – eine Erkenntnis, von der TranslationswissenschaftlerInnen die Öffentlichkeit seit längerer Zeit überzeugen wollen.

Es geht in diesem Buch ganz explizit darum, den Begriff *Translation* von der engen Bedeutung „Übersetzen und Dolmetschen" zu lösen und im Einklang mit Erkenntnissen aus der Translationswissenschaft und auch anderen Disziplinen im obigen Sinne zu erweitern. Der Ausdruck *Translation* wird also hier in dieser erweiterten Bedeutung verwendet.

Wem ist damit geholfen, wenn wir ein so „weites" Verständnis von Translation vertreten? Die kurze Antwort lautet: sehr vielen Menschen in sehr vielen Bereichen der Wissenschaft, der Wirtschaft und des öffentlichen Lebens. Wie wir sehen werden, ist Translation im Sinne der zielgerichteten, gruppenspezifischen Kommunikation über Sprach- und Kulturgrenzen hinweg ein notwendiger Bestandteil der erfolgreichen Kommunikation in sehr vielen Lebens- und Arbeitssituationen.

Es wird der Wissenschaft geholfen – und zwar allen Disziplinen der Wissenschaft – wenn klar gemacht wird, dass interdisziplinäre Kommunikation nur durch Translation gelingen kann. Die Wirtschaft wird davon profitieren, wenn ein Bewusstsein dafür entsteht, dass unterschiedliche Kommunikationsgemeinschaften unterschiedliche Auffassungen von der und Zugänge zur Welt haben und translatorisches Know-how brauchen, um miteinander erfolgreich zu kommunizieren. PraktikerInnen in allen Berufen, die mit der Öffentlichkeit zu tun haben, seien es AnwältInnen, ArztInnen, LehrerInnen oder Beamte der öffentlichen Verwaltung, können auch durch die Erkenntnis, dass ihr eigener Blick auf ihren Tätigkeitsbereich ein fachspezifischer ist, der nicht von allen geteilt und verstanden wird, ihren kommunikativen und daher auch beruflichen Erfolg steigern. Sie können durch diese Erkenntnis lernen, dass die verständliche Vermittlung ihrer Gedanken und ihrer Praxis nur durch Translation erfolgen kann.

Die Translationswissenschaft verfügt bereits heute über die Erkenntnisse und die begrifflichen Mittel, um diesen Prozess erklären und anderen Personen vermitteln zu können.

Die konsequente und explizite Benennung dessen, was Translation alles umfasst und umfassen kann, hebt endgültig die unnötige Unterscheidung zwischen interlingualer und intralingualer Übersetzung auf. Wie bereits vielfach in der Translationswissenschaft festgestellt und auch in den folgenden Seiten hier eingehend dargestellt wird, dient Translation vor allem der Verständigung über Kulturgrenzen hinweg. Kulturelle Unterschiede werden sprachlich ausgedrückt. Es ist daher nicht mehr zeitgemäß, nur im Kontext von Nationalsprachen zu denken. Was ist denn eine „Sprache"? Es geht ja schließlich um den Ausdruck kultureller Zugänge zur Welt und zu den Menschen.

Diese „weite" Definition von Translation hilft nicht zuletzt auch den Studierenden und AbsolventInnen von translatorischen Studiengängen: Sie eröffnet eine neue Perspektive auf die Erfordernisse ihres Studiums.

So wird die Schlüsselrolle der translatorischen Kompetenz in allen wichtigen Kommunikationsprozessen deutlich und verständlich.

Dieses Buch ist also nicht nur für Personen bestimmt, die die bereits etablierten Berufe ÜbersetzerIn oder DolmetscherIn ergreifen wollen. Es ist auch – vielleicht vor allem – für diejenigen geschrieben worden, die Translation im weiteren Sinne von transkultureller Kommunikation studieren und als berufliche Tätigkeit praktizieren wollen. Die heutige Translationswissenschaft liefert uns bereits viele Argumente für dieses umfassende Verständnis von Translation. Die hier präsentierten Argumente stellen nur eine konsequente Schlussfolgerung aus den bisherigen wissenschaftlichen Erkenntnissen dar.

Eine wissenschaftliche Definition von Translation, die die Erkenntnisse der letzten 20 Jahre konsequent berücksichtigt, zeigt uns, dass Translation mehr denn je gebraucht wird und dass professionell ausgebildeten TranslatorInnen eine Vielzahl beruflicher Einsatzmöglichkeiten offen steht, die weit über das herkömmliche Übersetzen und Dolmetschen hinausreicht. Es geht eben nicht nur um Verständigung zwischen Nationalsprachen (interlinguale Translation) sondern vor allem um Kommunikation über *Kulturgrenzen* hinweg. Und wenn wir Kultur als eine spezifische Verhaltensweise in Bezug auf die Realität und eine spezifische Art, darüber zu kommunizieren verstehen, wird es klar, dass Translation auch vielfach innerhalb einer Sprache (intralingual) erfolgen muss.

Nur: Das muss man den Menschen auch sagen – sowohl den potentiellen ArbeitgeberInnen als auch den Studierenden und den bereits im Beruf stehenden TranslatorInnen. Der Bedarf ist zwar da, aber der Markt ist noch nicht erschlossen. Mit anderen Worten: Die Leute wissen noch nicht, dass sie uns brauchen. Und vielen von uns ist noch nicht klar, wie viel wir an Kompetenz und Know-how zu bieten hätten. Es fehlt noch an der nötigen Kommunikation darüber.

Mit diesem Buch möchte ich also auch einen Beitrag dazu leisten, die Kommunikation über Translation als Know-how-intensives und zukunftsträchtiges Produkt auf dem und für den Arbeitsmarkt in Gang zu setzen.

Translationskompetenz ist die Synthese von vielen Fähigkeiten, die auch als einzelne Skills einen hohen Stellenwert in der gesellschaftlichen Arbeitsteilung haben können. Der Translationsbedarf wird im Kommunikationszeitalter nicht geringer, sondern größer werden. Es liegt an uns – TranslatorInnen, WissenschaftlerInnen und Lehrenden – dies verständlich zu kommunizieren.

Eine Anmerkung zur Struktur des Textes: Es mag merkwürdig erscheinen, dass in einem Buch für Studierende der Translationswissenschaft gerade das Kapitel über Translation das kürzeste ist. Tatsächlich macht aber die Diskussion der Translation mehr als die Hälfte des Buches aus. Das Kapitel über Kommunikation soll vor allem zeigen, dass Translation in fast jedem Kommunikationsprozess stattfindet oder gebraucht wird. Und das Kapitel über Wissenschaft legt die Basis für das Verstehen der translatorischen Tätigkeit: Ohne ein Verständnis für die Funktion des Wissens und der Wissenschaft ließe sich Translation als menschliche Tätigkeit viel schwerer erklären.

Viele Menschen haben dazu beigetragen, dass aus der ursprünglichen Idee, „über die Rolle der Wissenschaft" zu schreiben, ein fertiges Buch geworden ist. Mira Kadric, die Herausgeberin der Reihe *Basiswissen Translation,* und Sabine Kruse vom Facultas-Verlag haben dafür gesorgt, dass die praktischen Details im Zusammenhang mit der Veröffentlichung des Manuskripts möglichst stressfrei und unkompliziert abgewickelt werden konnten. Ihnen beiden danke ich für ihre Unterstützung und die reibungslose Zusammenarbeit.

Aurelia Batlogg, Richard Gross, Daniel Kaiser, Herbert Kaiser und Georg Raslagg haben mir durch ihre konstruktive Kritik des Manuskripts geholfen, meine Gedanken zu präzisieren und klarer darzustellen. Jede/r hat mich auf unterschiedliche Weise daran erinnert, dass Dinge, die für mich selbstverständlich und logisch erscheinen, für andere nicht so evident sind. So haben sie immer wieder die Hauptthese dieses Buches bestätigt: Man kann nur verstanden werden, wenn man auch den Standpunkt seines Publikums versteht. Ihnen allen danke ich für ihre Zeit, ihr Engagement und ihre Unterstützung.

Herzlichen Dank auch an Monika Perinec, Anna Reiner, Jürgen Schopp und Patrick Zambonin, die an der Fertigstellung des Manuskripts mitgewirkt und dabei unverzichtbare Arbeit mit viel Geduld und viel Engagement geleistet haben.

Inhaltsverzeichnis

1 Einleitung

„Alles ist Zahl". Mit dieser Formel meinte der griechische Philosoph Pythagoras, die Welt erklären zu können.

Der sogenannte Hausverstand sagt uns, dass dies nicht stimmen kann: Die Welt muss wohl aus mehr bestehen als „nur Zahlen". Das stimmt auch – die Welt, die Realität, die Wirklichkeit, wie auch immer wir „es" nennen mögen, hat viel mehr Dimensionen als nur die zahlenmäßige.

Aus seiner Sicht aber hatte Pythagoras Recht: Er betrachtete die Welt, den Zusammenhang, den wir „das Leben" nennen, aus dem Blickwinkel der Arithmetik. Dies war sein Zugang zur Realität. Folglich verstand er die Welt auch arithmetisch: Die Wirkung und Präsenz der Zahlen machten sich überall evident, waren für ihn in jedem Bereich des Lebens sichtbar.

Die Beschäftigung mit Zahlen war für Pythagoras nicht nur eine akademische Trockenübung, etwas, das vom „realen Leben" getrennt war; sie war das Interpretationsmuster und der Erklärungsschlüssel für das Leben schlechthin. Er hatte erkannt, dass Zahlen überall im Leben relevant sind, hatte sie in ihrem Zusammenhang mit „dem Rest der Welt" gesehen und konnte daher nicht mehr aufhören, sie überall zu sehen. Erkenntnis ist bekanntlich nicht rückgängig zu machen: Wer einmal etwas erkannt hat, erkennt es immer wieder.

Das mathematische Wissen des Pythagoras bestimmte also seine Auffassung der Welt. Sein Standpunkt als Mathematiker formte sein Weltbild. Wir könnten auch sagen, seine Wissenschaft prägte die Art und Weise, wie er die Welt sah und wie er sich zur Welt verhielt: Die Wissenschaft war für ihn eine Lebenshaltung.

In unserer Zeit konkurrieren zwei Wissenschaften um das allgemeingültige Welterklärungsmuster: die Physik und die Biologie.

Jede dieser Disziplinen glaubt, die „oberste" Wissenschaft zu sein, der alle anderen untergeordnet sein sollen, weil alle anderen durch die eine Metadisziplin erklärt werden können und alle wichtigen Lebenszusammenhänge sich in ihr treffen.

Es ist auch verständlich, dass die Physik und die Biologie diesen Anspruch auf den Megadisziplin-Status erheben wollen. Alle WissenschaftlerInnen, die erkannt haben, wie der Teil der Realität, den sie erforschen, mit dem „Rest der Welt" zusammenhängt, tendieren wie Pythagoras dazu, ihr

Fach als das Welterklärungsprinzip zu betrachten; sie sehen „die Physik" oder „die Biologie" überall. Und wir leben nun mal in einer Zeit, in der den sogenannten „harten" Naturwissenschaften mehr Geld, mehr Aufmerksamkeit, mehr Status, mehr Autorität zukommen als den „Geistes"-Wissenschaften mit ihren angeblich „weichen" Forschungsgegenständen und „nutzlosen" Forschungsergebnissen.

Dieses Buch ist das Ergebnis einer wissenschaftlichen Haltung, die aus dem Blickwinkel der Translation entstand. Ich versuche hier allerdings nicht, „die Welt" zu erklären. Ich hoffe aber doch, einige Zusammenhänge aufzuzeigen, die durch einen „translations-wissenschaftlichen Blick auf die Welt" sichtbar werden (können): die Zusammenhänge zwischen Wissenschaft, Translation und Kommunikation.

Und auch wenn das Erkennen dieser Zusammenhänge keine Welterklärung ergibt, hat es doch einen praktischen Nutzen: ein besseres Verständnis dafür, was Translation ist und was TranslatorInnen tun und tun könnten, das direkt in die Schaffung neuer Berufsprofile und Arbeitsplätze übersetzbar wäre.

Zuerst aber ein gänzlich anderer Zusammenhang:

Mit der Entdeckung – oder Erfindung (?) – der Zentralperspektive im Italien des ausgehenden 14. Jahrhunderts begann für die Malerei eine neue Epoche. Die Maler hörten langsam auf, sich als bloße Handwerker zu sehen, deren Aufgabe es war, die Wirklichkeit (die von der Kirche definiert wurde) getreu abzubilden. Stattdessen fingen sie allmählich an, sich als *Interpreten* der Realität zu sehen und ihre schöpferische Tätigkeit mit wissenschaftlichen Erkenntnissen in Zusammenhang zu bringen.

Dieses neue Selbstverständnis bewirkte nicht nur eine Verbesserung der sozialen (und daher auch finanziellen) Stellung der Maler: Es bahnte auch den Weg für eine intellektuelle Neuorientierung, die das kirchliche Monopol über Wissen und Wahrheit in Frage stellte und die Entstehung neuer Zugänge zu Wissenschaft, Kunst und Kreativität ermöglichte.

Was hat das mit uns zu tun, mit Menschen, die Translation studieren oder praktizieren?

Nun – die Malerei konnte sich erst als schöpferische Kunst verstehen, als die Maler ein neues Bewusstsein für ihre Praxis entwickeln konnten. Und dieses Bewusstsein konnte erst entstehen, als die wissenschaftliche Auseinandersetzung mit ihrer Praxis ihnen einen neuen Blick auf ihr Handeln eröffnete.

Die Wissenschaft erklärte, inwiefern der gute Maler sich mit Fragen der Wahrnehmung und der Realitätsinterpretation befassen musste, z.B. ob er die Dinge so malen sollte, wie sie „wirklich sind“ oder wie sie zu sein scheinen. War es zulässig, „die Realität“ bildlich zu manipulieren, sie zu ändern, um ein Bild realistisch „wirken“ zu lassen? Was bedeutete überhaupt das Gebot „Malen, was da steht“?

Es war die Beschäftigung mit solchen Themen, die die Malerei in den Status einer wissenschaftlichen Kunst erhob. Die Wissenschaft identifizierte und thematisierte die Vielfältigkeit der malerischen Kompetenz und änderte auf diese Weise das Berufsbild der Malerei. Das wohl bekannteste Beispiel des Künstler-als-Wissenschaftlers ist Leonardo da Vinci, der ja selbst die Malerei als das Schaffen von Wissen definierte.

Die Translation befindet sich seit langem in einer ähnlichen Situation wie die Malerei vor der Renaissance.

Was ist sie? Kunst? Handwerk? Ein bloßes Abbilden dessen, was „da steht“? Dürfen TranslatorInnen interpretieren? *Müssen* sie interpretieren? Dürfen sie etwas „ändern“, damit der Inhalt „gleich“ bleibt? Ist eine Translation einfach ein „Abbild“ des Original-Textes – oder etwas mehr? Was müssen TranslatorInnen wissen, um ihre Praxis auszuüben? Brauchen sie „Theorie“, oder handelt es sich um eine Fertigkeit, die einfach durch Nachahmung gelernt werden kann? Entspricht ihre soziale Stellung der Komplexität ihres Könnens? Wie viel erkennen TranslatorInnen selbst von dem, was sie tun? Entspricht also ihr Selbstverständnis der Vielfalt ihres Wissens, dem gesellschaftlichen Wert ihrer Tätigkeit?

Dies sind nur einige der vielen Parallelen zwischen der Translation und der Malerei als beruflicher Praxis. Es gäbe natürlich auch Parallelen mit der Entwicklung anderer Tätigkeiten, wie z.B. der Chirurgie, die in vielen Teilen Europas noch bis ins 19. Jahrhundert als primitives Handwerk betrachtet wurde. Die Malerei bietet aber den Vorteil, dass Leonardo da Vinci nicht nur die Synthese zwischen Kunst und Wissenschaft darstellte, sondern auch die Kommunikation über die Wissenschaft thematisiert hat: *Quella scientia è piu utile della quale il suo frutto è piu communicabile*. (Die Wissenschaft ist fruchtbarer, deren Ergebnisse sich besser mitteilen lassen.)

Was haben denn Wissenschaft, Translation und Kommunikation miteinander zu tun?

Ich behaupte, die wissenschaftliche Beschäftigung mit Translation könnte eine ähnliche Wirkung auf die translatorische Praxis und das Bewusstsein der TranslatorInnen haben wie die Verwissenschaftlichung der Malerei in der Renaissance.

Indem sie die translatorische Praxis erklärt, könnte die Wissenschaft zu einem neuen Verständnis für Translation in der Gesellschaft führen und zu einem neuen Selbst-Verständnis bei den TranslatorInnen. Dies wiederum hätte konkrete Auswirkungen auf den beruflichen Tätigkeitsbereich von TranslatorInnen, würde ihre Kompetenzen und deren gesellschaftlichen Wert benennen und sichtbar machen und so auch ihren Einsatzbereich erweitern.

Ohne Kommunikation der wissenschaftlichen Erfassung von Translation geht aber nichts. Auch die Maler des 15. Jahrhunderts haben ihre Theorien kommuniziert, argumentiert, verteidigt. Auch wissenschaftliche Ergebnisse müssen sichtbar und verständlich gemacht werden. Es geht also in diesem Buch nicht nur darum, die Translation aus der Perspektive der Wissenschaft zu betrachten, sondern auch auf die Wissenschaft durch das Erklärungsmuster der Translation zu blicken. Wir werden im Übrigen sehen, was die Praxis der Translation und die Praxis der Wissenschaft mit der Kommunikation zu tun haben.

Es geht in diesem Buch also darum, neue Standpunkte zu bekannten Themen einzunehmen, um aus den neu eröffneten Perspektiven neue Zusammenhänge zu erkennen.

Dabei ist das Wort „neu" nicht wirklich passend: Die Zusammenhänge hat es ja immer schon gegeben. Wir wollen sie jetzt sichtbar werden lassen, die theoretischen und praktischen Konsequenzen daraus ziehen und so verständlich machen, welcher Nutzen aus einem wissenschaftlichen Zugang zum Phänomen Translation entstehen kann.

„Im Kontext einer allgemeinen Theorie symbolisch generalisierter Kommunikationsmedien lässt sich zeigen, welchen besonderen Anforderungen ein Medium speziell für Liebe zu entsprechen hat. Der Bedarf dafür ist klar, wenn man voraussetzen kann, dass die Differenz von höchstpersönlichen, intimen und unpersönlichen, extrem motivierten Sozialbeziehungen bewusst und geläufig ist. ... Die Differenzerfahrung, die die Institutionalisierung eines Mediums ermöglicht, ist nur mit seiner Hilfe möglich. Nur im Sicheinlassen auf Selbstreferenz kann das Medium soziale Systeme ausdifferenzieren und als Code für diese realisiert werden. Das führt vor die Frage, wie ein solches Medium entstehen konnte, wenn die Erfahrung der Differenz von persönlichen und unpersönlichen Sozialbeziehungen, die ja erst produziert werden musste, noch gar nicht möglich war. Wie konnte, mit anderen Worten, die Synchronie der Selbstreferenz historisch diachronisiert, in ein Nacheinander der Entwicklung aufgelöst werden?"

Alles klar?

Oder hätten Sie gerne eine Erklärung dieser Äußerung?

Wie fühlen Sie sich, wenn Sie diese Sätze lesen? Überfordert? Überrumpelt? Mental angestrengt?

Würden Sie sagen, dass die Kommunikation zwischen Ihnen und dem Autor dieser Zeilen (dem Sozialwissenschaftler Niklas Luhmann), geklappt hätte? Dass Sie verstehen, was er meint?

Könnte er das auch anders sagen, damit wir ihn besser verstehen?

Wenn Sie alles verstehen, wenn Sie wissen, was der Autor sagen wollte, dann deswegen, weil Sie einen gewissen Zugang zu den Dingen mit ihm teilen, weil Sie die Dinge – die Liebe, die Menschen, die Gesellschaft etc. – so sehen und auch so benennen wie er. Sie brauchen keine Erklärung, weil Sie und der Autor „dieselbe Sprache" sprechen.

Wenn Sie aber den Inhalt erst verstehen, wenn jemand ihn für Sie erklärt, also für Sie verständlich macht, dann deswegen, weil der Autor von Dingen spricht, mit denen Sie eine andere Erfahrung haben als er. Er verwendet auch Wörter dafür, mit denen Sie im wahrsten Sinne nichts anfangen können; sie sind Ihnen wahrhaftig kein Begriff.

Was Sie also brauchen würden, um zu verstehen, was Niklas Luhmann hier meint, ist eine Umformulierung, die berücksichtigt, was Sie schon kennen und wissen, d.h., was *Sie* aufgrund Ihrer Lebenserfahrung verstehen *können*.

Mit anderen Worten, Sie brauchen die Form von Kommunikation, die *Translation* genannt wird.

Was ist denn der Zusammenhang zwischen *Wissenschaft, Translation* und *Kommunikation* ?

Das kleine Teilchen wissenschaftlicher Kommunikation, das diese Zeilen von Niklas Luhmann darstellt, liefert uns einen ersten Hinweis auf die Antwort: Der Zusammenhang hat mit *Verstehen* zu tun.

Um aber eine klare und vollständigere Antwort zu erhalten, müssen wir uns eine Reihe von weiteren Fragen stellen:

1. Was bringt die Wissenschaft für die Translation?
2. Was bringt die Kommunikation für die Wissenschaft?
3. Was bringt die Translation für die Wissenschaft?
4. Was bringt die Translationswissenschaft für die Kommunikation der Wissenschaft?
5. Was ist der Unterschied zwischen Translation und Kommunikation?
6. Was hat die Translationswissenschaft von der Kommunikation?

Und schließlich:

7. Welche Relevanz haben die Antworten auf diese Fragen für *Ihr* Leben – für Ihr Studium und für Ihre Berufspraxis?

Das sind, im Großen und Ganzen, die Themen dieses Buches.

Es wird hier gezeigt, dass wissenschaftlich fundiertes Lernen nicht praxisfremd ist, dass es keine realitätsentfremdeten Theoretiker produziert, die den realen Anforderungen der Berufspraxis nicht gewachsen sind. Im Gegenteil: Es ist gerade die theoretische Basis einer wissenschaftlich fundierten Ausbildung, die es möglich macht, sich den ständig neuen Herausforderungen der heutigen Arbeitswelt in adäquatem Maße anzupassen und sein Know-how zeitgemäß zu entwickeln.

Heutzutage hören wir das Wort *Kommunikation* sehr oft. Kommunikation ist zum Modebegriff geworden: Ohne Kommunikationskompetenz haben wir beruflich wenig Chance, heißt es. Und diese können wir durch Seminare, Trainings und Coachings verbessern, heißt es weiter. Zweifellos. Das Problem ist aber: *Wir müssen wissen, was wir kommunizieren wollen*. Dies setzt natürlich voraus, dass wir *etwas zu kommunizieren haben* und auch dass wir wissen, *warum* und *wie wir es kommunizieren wollen*.

Gerade in einer Arbeitswelt, in der die Konkurrenz um Arbeitsplätze immer größer wird und die zunehmende Spezialisierung den Erklärungsbedarf gegenüber ArbeitgeberInnen, KollegInnen und der Öffentlichkeit ständig erhöht, brauchen wir Klarheit über unser berufliches Handeln.

Konkret bedeutet das: Um anderen vermitteln zu können, was wir tun, wie wir es tun und warum wir es tun – sei es das Erstellen einer *Corporate Communication Policy*, das Dolmetschen in einem Asylantenheim oder die Übersetzung eines Werbeslogans – müssen wir selber die Gründe für unsere Vorgehensweise, unsere Entscheidungen und unsere Zielsetzungen kennen. Es genügt nicht mehr, sich auf den Expertenstatus zu berufen: Nicht einmal die Ärzteschaft kann sich auf ihr „Götter-in-Weiß"-Image verlassen. Auch PatientInnen fordern heutzutage Information; sie wollen wissen, was geschieht, und verlangen *Erklärungen*.

Wer heute nicht erklären kann, was sie/er tut, wer das eigene Know-how nicht transparent machen kann, ist beruflich schwer benachteiligt. Und je weniger die Öffentlichkeit versteht, wozu man ein Studium braucht, um z.B. Sprachen zu lernen oder übersetzen zu können, umso weniger rosig sind die Aussichten am Arbeitsmarkt. Unfair, unerfreulich, aber wahr.

Communication is the key. Kommunikation ist wahrhaftig der Schlüssel zum Erfolg. Wir alle müssen kommunizieren lernen. Mit Lehrenden und Studierenden, mit Vorgesetzten und KollegInnen, mit ArbeitgeberInnen, mit der Öffentlichkeit, die unsere Forschung bezahlt oder unsere Dienste in Anspruch nimmt. Es wird ständig von uns verlangt – oder zumindest erwartet – dass wir *erklären*, was wir tun, warum wir es tun und wie wir es tun.

Es ist genau hier, an der Stelle, wo Erklärungsbedarf besteht oder entsteht, dass wir Wissenschaft und Translation brauchen.

Denn die Wissenschaft tut nichts mehr und nichts weniger als *erklären*. Genauer gesagt, sie *versucht* zu erklären. Und was versucht sie zu erklären? Alles Mögliche: was die Dinge sind, wie sie funktionieren, wie sie miteinander zusammenhängen, warum es sie überhaupt gibt etc. etc. Ob es sich um den Ursprung des Universums, die Sprachfähigkeit der Spezies Mensch oder die Farben des Regenbogens handelt, die Wissenschaft versucht herauszufinden, warum die Dinge so sind, wie sie sind. Wir können sagen, es gibt Wissenschaft, weil es einen grundsätzlichen Erklärungsbedarf gibt. Wir Menschen wollen die Dinge verstehen – und Menschen, die Wissenschaft betreiben, versuchen die Dinge verständlich zu machen.

Wissenschaft ist also Kommunikation. Und dies ist der Grund, warum wir die Wissenschaft nicht nur an der Universität brauchen (als Forschung und in der Lehre), sondern auch außerhalb der Universität – auch nach dem Studium, *on the job*. Ohne Erklärungsgrundlage könnten wir nämlich nicht kommunizieren, worin unsere Arbeit besteht, warum sie notwendig ist, wie sie mit den Bedürfnissen der Menschen zusammenhängt. Wir könnten unsere Arbeit, unser Know-how, nicht für andere – und vielleicht nicht einmal für uns selbst – *verständlich* machen.

Und die Kommunikation der Wissenschaft kann nur durch Translation erfolgen. Denn Translation bedeutet: einen Sachverhalt für andere verständlich machen.

Wir werden uns auf den folgenden Seiten damit beschäftigen, wie dieses Verständlichmachen auf der Basis wissenschaftlicher Erkenntnisse vor sich geht, welche Rolle es im Studium und im Beruf spielt und auch, was wir daraus lernen können.

Es ist nicht meine Absicht, Ihnen lediglich zu *erklären*, warum wir Wissenschaft brauchen und dass Translation eine zentrale Rolle in fast jedem Kommunikationsakt spielt. Ich will Sie natürlich auch davon *überzeugen*. Ich versuche also nicht, eine „objektive" oder „neutrale" Sicht der Dinge zu bringen.

Ich schreibe hier *meine* Interpretation der Translation und *meine* Erklärung der Zusammenhänge mit der restlichen Realität nieder. Es gibt viele andere Auffassungen von Wissenschaft, Translation und Kommunikation. Ich glaube nicht (wie auch viele andere), dass es so etwas wie neutrale Wissenschaft oder neutrale Erklärungen gibt oder geben kann. Jede/r hat einen eigenen Standpunkt, von dem aus sie/er die Welt betrachtet und zu verstehen versucht. Ich glaube, dass jede/r WissenschaftlerIn, die/der die eigenen Erkenntnisse ernst nimmt, diese auch verstanden und akzeptiert wissen möchte.

Ich hoffe also, dass die hier präsentierten Argumente und Erklärungen Ihnen einleuchtend und daher auch sinnvoll und relevant erscheinen werden. Ich hoffe auch, dass diese Gedanken Sie dazu bewegen werden, Ihre eigene Suche nach Zusammenhängen und Erklärungen zu beginnen, selber nach dem *Warum?* zu fragen.

In diesem Sinne also …

Quellen und weiterführende Literatur

Ames-Lewis, Francis. 1943. *The intellectual life of the Early Renaissance artist.* New Haven / London: Yale University Press.

Bergmann, Anna. 2004. *Der entseelte Patient. Die moderne Medizin und der Tod.* Berlin: Aufbau.

Da Vinci, Leonardo, Codex Urbanus, 2u. Zit. in: Schmeiser, Leonhard. 2002. *Die Erfindung der Zentralperspektive und die Entstehung der neuzeitlichen Wissenschaft.* München: Fink.

Luhmann, Niklas. 1994. *Liebe als Passion. Zur Codierung von Intimität.* Frankfurt am Main: Suhrkamp.

Rozanskij, Ivan D. 1984. *Geschichte der antiken Wissenschaft.* München: Piper.

Schmeiser, Leonhard. 2002. *Die Erfindung der Zentralperspektive und die Entstehung der neuzeitlichen Wissenschaft.* München: Fink.

Taschner, Rudolf. 1995. *Das Unendliche. Mathematiker ringen um einen Begriff.* Berlin/Heidelberg: Springer.

2 Wissenschaft

Was ist Wissenschaft? Wissenschaft ist etwas, das Wissen schafft. Das klingt natürlich sehr einfach, ist aber im Grunde eine ziemlich komplexe Angelegenheit. Wie Sie bereits in der Einleitung festgestellt haben, ergibt sich aus fast jeder Feststellung eine Reihe von Fragen. Wir werden sehen, dass dies ein wesentliches Merkmal jedes wissenschaftlichen Unternehmens ist. Wenn wir etwas feststellen, nehmen wir es wahr. Wenn wir etwas wahrnehmen, beschäftigen wir uns damit. Und wenn wir uns mit etwas beschäftigen, d.h. etwas besser kennen lernen (wollen), stellen wir Fragen in Bezug auf dieses Etwas. Wir beschäftigen uns hier mit Wissenschaft und stellen uns zunächst die Fragen: „Was ist Wissen?" und „Wie schaffen wir Wissen?"

2.1 Was ist Wissen?

Ein paar vorläufige Antworten könnten lauten:

- Wissen ist unsere Auffassung von Dingen (Menschen, Gegenständen, Gefühlen, Gedanken).
- Wissen hängt mit unserem Interesse an diesen Dingen zusammen.
- Wissen hat maßgeblich mit der Person zu tun, die das Wissen schafft.
- Wissen ist etwas, das wir mit anderen teilen.
- Wissen ist also etwas, das wir mitteilen wollen, sollen, können.
- Wissen hängt von unserer Kultur und unserer Sprache ab.
- Wissen ist etwas, das sich als falsch erweisen kann.

2.1.1 Wissen ist, wie wir etwas auffassen

Alle Dinge existieren in der Welt. Eigentlich existieren sie nicht als Dinge, sondern als Welt, als Universum, als unendliches Kontinuum. Wir Menschen, wie wohl auch andere Lebewesen, müssen uns in diesem unendlichen Kontinuum, das wir Welt nennen, zurecht finden. Zurecht finden bedeutet, die Welt nicht als Chaos, sondern als Ordnung wahrzunehmen. Wenn wir das nicht tun könnten, würden wir nicht überleben. Wir machen Ordnung, indem wir die Welt in Gruppen von Dingen einordnen. Wir ordnen z.B. Tiere, die ihre Jungen säugen, in die Gruppe der Säugetiere und vierbeinige Säugetiere, die bellen, in die Gruppe der Hunde. Diese Art von Ordnen ist etwas, das wir Menschen tun. Hunde z.B. werden nicht daran denken oder auch nicht daran interessiert sein, sich als Säugetiere, Hund, Pudel oder Dalmatiner zu betrachten oder zu benennen. Wir können sagen: „Wir wissen, dass Hunde Säugetiere sind." Oder genauer: „Ich weiß, dass mein Hund ein Dalmatiner ist." Er selber weiß es nicht. Der Hund weiß es nicht, weil er es nicht wissen muss. Es ist für ihn einfach nicht relevant, wie wir Menschen ihn sehen oder nennen wollen. Dafür nimmt er uns aber auf eine Weise wahr, die für ihn sehr wohl relevant ist: Er kann uns riechen und hören und weiß sehr oft, wie wir uns fühlen, bevor wir es selber wissen. Dem Hund ist es wichtig, ob wir müde oder lustig sind, ob wir bald weggehen oder bald nach Hause kommen, weil sein Wohlbefinden sehr stark von seinem „Rudelführer" abhängt. Er ordnet seine Welt anders, als wir das tun. Er hat ein Interesse daran, seine Welt nach seinen Bedürfnissen zu ordnen, weil diese Art von Ordnung für sein Leben wichtig ist.

Die Art und Weise, wie wir die Welt ordnen, hängt also damit zusammen, was wir mit der Welt tun wollen.

Wenn wir z.B. Pflanzen essen wollen, ist es für uns wichtig zu wissen, welche giftig sind und welche nicht, welche gut schmecken, wenn sie gekocht sind, und welche wir roh essen können usw. Diese Eigenschaften – „schmeckt gut", „kann man roh essen" etc. – sind nicht für die Pflanzen an sich wichtig, sondern für uns. Man könnte sagen, wir rufen diese Eigenschaften hervor. Mit anderen Worten, diese Aspekte der Pflanzen sind Teil der Ordnung, die wir selber schaffen, weil diese Art von Ordnung für uns wichtig ist. Bienen, Schmetterlinge oder Kühe haben einen anderen Zugang zu Pflanzen, weil sie etwas anderes mit Pflanzen tun wollen als wir Menschen. Sie haben eine andere Ordnung.

Wir sehen also, dass die Dinge, die es in der Welt „gibt", eigentlich weitgehend von uns Menschen geschaffen werden. In der Philosophie sagt man, sie werden von uns *konstruiert*. Ich will damit natürlich nicht sagen, dass der Mensch die Welt oder das Universum hervorgebracht hätte. Und schon gar nicht, dass die Welt nur für uns existiert. Wir können aber sehr wohl davon ausgehen, dass die Art und Weise, wie wir mit der Welt umgehen, eine *für uns relevante Realität* schafft.

Wir nehmen diejenigen Aspekte der Welt wahr, mit denen wir etwas anfangen können, d.h. die für uns wichtig sind. Wir beziehen uns auf diese Aspekte der Welt, weil sie für uns sinnvoll sind. Wir setzen sie auch in Beziehung zueinander und konstruieren auf diese Weise eine für uns sinnvolle Ordnung. Wir nehmen diese Aspekte nicht nur wahr, sondern benennen sie auch. Wir sprechen z.B. von Säugetieren, Pudeln, Dalmatinern, Rohkost,

Obst, Blumen, Gemüse, Freude, Liebe etc. Wir konstruieren „Dinge" aus dem Kontinuum der Welt.

Auch sogenannte „abstrakte" Dinge wie Freude oder Liebe sind Teil des Weltkontinuums. Wir empfinden eben auch Gefühle nicht als separate Einheiten; sie sind ein Teil von uns, der im Zusammenhang steht mit unseren Gedanken und unseren Reaktionen auf Dinge oder Ereignisse außerhalb von uns. Dass ein bestimmtes Gefühl als Freude oder Liebe bezeichnet wird, hängt von der Gemeinschaft ab, in der wir lernen, diese Gefühle zu identifizieren und daher auch zu benennen. Der Begriff *Liebe* z.B. ist in unterschiedlichen Kulturen zu unterschiedlichen Zeiten sehr unterschiedlich definiert worden. Daher wohl auch die große Verwirrung darüber, was „wahre Liebe" sei.

Wir wissen also, was „Dinge" sind – Hunde, Blumen, Liebe –, weil wir sie als solche auffassen.

■ Menschen ordnen die Welt nach ihren Bedürfnissen.

2.1.2 Wissen hängt mit Interesse zusammen

Was wir von den Dingen wissen, ist also eigentlich das, was wir wissen wollen. Dies gilt sowohl für das alltägliche Leben als auch für die Wissenschaft. Auch die Wissenschaft nimmt diejenigen Aspekte der Welt wahr, die für sie wichtig sind. Eine Biologin z.B. wird sich mehr für die physiologischen Eigenschaften eines Schwans interessieren, als für dessen ästhetische Wirkung, während ein Kunsthistoriker sich eher z.B. mit der Rolle des Schwans in der östlichen Malerei beschäftigen würde.

In beiden Fällen handelt es sich um „dasselbe Ding", aber der Zugang dazu und der Umgang damit sind unterschiedlich. Die Biologin und der Kunsthistoriker nehmen „den Schwan" unterschiedlich wahr, weil sie nicht dasselbe Interesse daran haben. Jede/r hat einen anderen Schwan *konstruiert*, weil jede/r etwas anderes davon und darüber wissen will.

Je mehr wir von etwas wissen wollen, um so mehr „sehen" wir an diesem etwas. Dieses Phänomen kennen wir alle aus dem alltäglichen Leben: Wenn wir jemanden kennen lernen, haben wir zunächst ein ziemlich ungenaues Bild von ihr oder ihm. Im Laufe der Zeit ändert sich das Bild; manche Details sehen wir viel klarer und deutlicher als am Anfang, manche verschwinden vielleicht gänzlich aus unserem Blickwinkel und wir beginnen allmählich zu verstehen, wie die verschiedenen Teile des Bildes zusammen passen. Insgesamt ergibt sich ein immer schärferes Bild, das sich aber mit jeder neuen Fokussierung auch immer ein wenig *ändert*.

Dieser Prozess des Kennenlernens ist ein Prozess der Wissensgewinnung. Wir glauben, jemanden zu kennen, wenn wir glauben, sie oder ihn verstehen zu können, zu wissen – ungefähr (!) – warum sie/er so handelt, spricht oder fühlt, wie sie/er es tut. Wenn diese Handlungen unseren Erwartungen nicht entsprechen, haben wir das Gefühl, die Person doch nicht zu kennen, doch nicht zu verstehen und wollen/müssen unser Wissen über sie revidieren – oder verlieren gänzlich das Interesse an ihr.

Auf jeden Fall setzt das Wissen um einen Menschen, einen Gegenstand, ein Naturereignis voraus, dass wir uns damit auseinander setzen. Mit anderen Worten, dass wir dem Sachverhalt ein gewisses Maß an Interesse entgegenbringen.

Wie wir bereits gesehen haben, können unterschiedliche Menschen unterschiedliche Interessen an demselben Gegenstand haben: Die einen wollen wissen, warum Schwäne monogam sind, während andere sich für deren morphologische Struktur interessieren. Je nach dem, was sie verstehen wollen, werden sie den Schwan anders betrachten, werden unterschiedliche Aspekte seines Verhaltens „sehen" oder für relevant halten.

Unser Interesse für etwas beeinflusst also die Art und Weise, *wie* wir es sehen, was wir daran sehen (wollen) und auch, wie viele Details unser Bild davon aufweisen wird. Wir können sagen, das Interesse bestimmt die *Perspektive*, aus der wir das Ding betrachten und daher auch die Art von Wissen, die wir darüber gewinnen können. Klarerweise kann ein Mensch ein Ding aus unterschiedlichen Perspektiven sehen: Eine Biologin kann z.B. natürlich in ihrer Freizeit auch eine Malerin sein.

■ Wissen setzt voraus, dass wir etwas verstehen wollen.

2.1.3 Wissen ist etwas Persönliches

Wir haben oben festgestellt, dass Wissen ohne irgendein Interesse sich kaum entwickeln kann. Dieses Interesse geht in erster Linie von einer Person aus, von einem Menschen aus Fleisch und Blut, der zu einer bestimmten Zeit in einer bestimmten Kultur lebt. Dies gilt grundsätzlich für jede Art von Wissen, sei es der sogenannte Hausverstand, das „intuitive Wissen" oder auch das wissenschaftliche Wissen. (Über die verschiedenen Arten von Wissen werden wir in Teil 2.2 sprechen.)

Jeder Mensch sieht die Welt natürlich aus der Perspektive seines eigenen Lebens. Banal gesagt: Jeder ist der Mittelpunkt seiner eigenen Welt. Dieser persönliche Zugang zur Welt wird klarerweise einen nicht unwesentlichen Einfluss darauf haben, wie der einzelne Mensch auf die Welt insgesamt und auf die einzelnen Dinge der Welt zugeht. Diese persönliche oder subjektive Dimension ist immer gegeben.

Wir wissen allerdings auch, dass das Individuum nicht als Einzelmensch existieren kann, sondern in einer Gruppe, in einem Kollektiv eingebettet sein muss, um als soziales Wesen leben zu können. Diese soziale Einbettung beeinflusst auch unsere Sicht der Welt, unseren Zugang dazu und unseren Umgang damit.

Das bedeutet, jeder Mensch ist der einzigartige Ausdruck von persönlichen und gesellschaftlichen Interessen. Das Wissen, das wir im Laufe unseres Lebens entwickeln, entsteht zwar in diesem Spannungsverhältnis zwischen dem Individuellen und dem Kollektiven, ist aber ganz eindeutig etwas, das jede/r *persönlich* denkt, glaubt und fühlt. Im Alltag ist dies auch ganz klar: Wir sagen z.B. „Ich weiß, dass ..." und bestehen darauf, dass unser ganz persönliches Wissen Gültigkeit besitzt und daher auch ernst zu nehmen ist.

Auch WissenschaftlerInnen sind Menschen. Das heißt, auch WissenschaftlerInnen haben einen Zugang zur Welt und einen Umgang mit den Dingen der Welt, die im Spannungsverhältnis zwischen dem Individuellen und dem Allgemeinen stehen. Im Gegensatz zum Alltagswissen erhebt allerdings das wissenschaftliche Wissen Anspruch auf eine Gültigkeit, die nicht nur persönlich und subjektiv ist. Kann es das geben? Wenn ja, wie? Und wenn nicht, wozu brauchen wir dann die Wissenschaft? Genügte es dann nicht, einfach eine Ansammlung von persönlichen Meinungen zu haben? Besteht die Wissenschaft vielleicht nur aus einem Haufen individueller Ansichten – oder ist sie etwas mehr?

Die möglichen Antworten auf diese Fragen diskutieren wir in Teil 2.4. Zunächst wollen wir festhalten, dass Wissenschaft nicht nur von Universitäten, Forschungsgruppen etc. betrieben wird, sondern dass diese alle aus einzelnen Menschen bestehen, die *auch* mit ihren ganz persönlichen Erfahrungen und ihrer ganz persönlichen Wissensgeschichte zusammenwirken.

■ Wissen ist etwas Persönliches.

2.1.4 Wissen ist etwas, das wir teilen

Wenn wir etwas wissen, fällt es uns meist schwer, es für uns zu behalten. Aus welchen Gründen auch immer haben wir sehr oft das Bedürfnis, unser Wissen mit anderen zu teilen. Wenn wir etwas wissen, haben wir den Eindruck, etwas verstanden zu haben. Wir haben erkannt, warum etwas so ist, wie es funktioniert, wie seine Einzelteile zusammenhängen usw. Dieses Wissen ist im wahrsten Sinne ein Erkenntnis-*Gewinn*. Als soziale Wesen wollen wir diesen Moment des Verstehens mit anderen teilen. Wir versuchen ihnen zu erklären, was wir erkannt haben. Auch dies ist ein Phänomen des Alltags, das wir alle kennen. Wenn man ein kniffliges Problem gelöst hat oder plötzlich verstanden hat, warum der Freund oder die Freundin auf bestimmte Wörter gereizt reagiert, wollen wir es einfach jemandem erzählen. Aus dem Verstehensbedürfnis entsteht ein Erklärungsbedürfnis.

Etwas erklären bedeutet, *jemandem* etwas erklären. Denn wenn wir etwas für uns selbst „erklärt haben", haben wir es eigentlich *verstanden*. Erklären setzt also voraus, dass wir nicht in einem Vakuum etwas wissen oder verstehen, sondern dass andere Menschen dabei sind, die an unserem Wissen teilnehmen.

Verstehen und Erklären sind ganz wesentliche Bestandteile der Wissenschaft. WissenschaftlerInnen wollen verstehen, wie bestimmte Dinge in der Welt beschaffen sind. Natürlich wollen sie die Dinge für sich verstehen, aber das genügt ja nicht. Nicht nur weil wir alle (aus unterschiedlichen Gründen) unsere Forschungsergebnisse veröffentlichen wollen, sondern weil, wie oben schon erwähnt, auch WissenschaftlerInnen Menschen sind.

Das Erklären befriedigt aber nicht nur ein menschliches Bedürfnis; es erfüllt auch zwei andere Funktionen. Der Prozess des Erklärens verlangt, dass wir unsere Gedanken aus-drücken. Dies ist ganz wörtlich gemeint. Die Gedanken, die in uns sind, müssen hinaus in die Welt. Dies zwingt uns, sie zu präzisieren, zu formulieren und nochmals zu überprüfen. Und wenn sie einmal „draußen" in der Welt sind, können sie natürlich auch von anderen überprüft werden. Was auch geschieht.

Das Teilen von Wissen in der Wissenschaft sorgt also dafür, dass das, was eine Person glaubt verstanden zu haben, mehreren Personen erklärt und von diesen auch kritisch überprüft wird. Dies kann zu einem kollektiven Erkenntnis-Gewinn führen oder aber dazu, dass sich dieses Wissen als ungültig erweist (was ja auch ein Erkenntnis-Gewinn ist). In jedem Fall können wir sagen, dass Wissen ein kollektives, soziales Unterfangen ist.

Wissen ist etwas, das wir teilen.
Wissen mit anderen zu teilen heißt, es zu erklären.

2.1.5 Wissen ist etwas, das wir mitteilen

Das Teilen von Wissen setzt natürlich voraus, dass wir es mit-teilen können. Dieses Mitteilen findet statt durch ein Kommunikationsmedium, z.B. Musiknoten, mathematische Formeln – oder Sprache. In jedem Fall ist das Kommunikationsmedium das Ergebnis und das Produkt einer kollektiven Vereinbarung. Was bedeutet das genau?

Es bedeutet ganz einfach, dass eine Gruppe von Menschen, z.B. Musiker des Mittelalters, altgriechische Mathematiker oder die Mitglieder einer Sprachgemeinschaft, sich im Großen und Ganzen darüber einig sind, dass ein Zeichen, ein Buchstabe oder ein Wort etwas Bestimmtes darstellt. Dieser kollektive Konsens ist unbedingt notwendig, damit Kommunikation zwischen einzelnen Menschen zustande kommen kann. Wenn z.B. für jede Musikerin die Noten etwas anderes bedeuteten, würden sie ihre Funktion verlieren: Niemand würde wissen, was der/die andere damit meint. Dasselbe gilt für die Sprache. Die Mitglieder einer Sprachgemeinschaft, z.B. des Deutschen, müssen weitgehend das Gleiche meinen, wenn sie sich der Wörter der deutschen Sprache bedienen, sonst könnten sie sich nicht verständigen.

Wir haben oben bereits festgestellt, dass Wissen ein soziales und kollektives Phänomen ist. Ohne Kommunikation bleibt Wissen im Persönlichen „gefangen". Ich will damit nicht sagen, dass dieses persönliche Wissen ungültig oder nutzlos wäre, sondern dass es als nicht mitteilbares Wissen auch nicht geteilt werden kann.

Wissenschaft ohne Kommunikation ist aus diesem Grund nicht denkbar. Wie wir in Teil 2.3.5 sehen werden, ist ein wesentliches Merkmal von wissenschaftlichem Wissen dessen Mitteilbarkeit und die sich daraus ergebende Überprüfbarkeit.

Das Kommunikationsmedium, sei es Musik, eine mathematische Formel oder eine Sprache, erfordert zwar Konsens, verlangt aber *keine absolute Übereinstimmung*. Wie wir wissen, sagen Noten etwas Bestimmtes aus, das jeder Mensch, der diese „Sprache" kann, versteht. Wir wissen aber auch, dass es unzählige Interpretationen dieser Noten geben kann. Leonard Bernstein z.B. hat Mozart anders interpretiert als Benny Goodman. Beide haben die Musik Mozarts gelesen und verstanden, aber jeder hat sie auch ein bisschen anders verstanden.

Auch natürliche Sprachen wie Deutsch, Kroatisch oder Urdu werden unterschiedlich verstanden und unterschiedlich interpretiert. Das ist ja nichts Neues. Wenn jemand von „Freude" spricht, verstehen Sie, was damit gemeint wird. Aber Sie verstehen bestimmt auch etwas anderes darunter, als die Person, die von Freude gesprochen hat. Denn Ihre Erfahrung mit diesem Laut und diesem Begriff, die Gefühle, die Sie damit verbinden, was Sie im wahrsten Sinne „darunter verstehen", wird mehr oder weniger abweichen von dem, was andere darunter verstehen.

Sprache ist auch in der Wissenschaft das wichtigste Medium der Mitteilung, der Kommunikation. Auch in der Wissenschaft werden Wörter, Begriffe, sprachliche Formulierungen unterschiedlich interpretiert. Wissenschaftliche Kommunikation, wie auch die nicht wissenschaftliche, beruht zwar auf Konsens, aber auch hier gibt es keine vollkommene Übereinstimmung. Im Alltag klären wir Missverständnisse auf und erklären, was wir „meinen", mit Phrasen wie: „Nein, du verstehst mich nicht, ich habe das und das gemeint" oder „Ich sehe das anders als du" usw.

In der Wissenschaft werden Interpretationsunterschiede auf ähnliche Weise gehandhabt, manchmal im persönlichen Gespräch, aber üblicherweise mittels schriftlicher Abhandlungen. Es ist gerade hier, in jenem Spannungsverhältnis zwischen den Dingen, die die KommunikationspartnerInnen *meinen*, dass wissenschaftliche Kommunikation zur Entwicklung von Wissen führt. Wir werden gezwungen, unsere Erkenntnisse durch andere Augen zu sehen, sie zu analysieren und kritisch zu betrachten. Das Verstandene, das wir zu erklären versuchen, wird durch die Auseinandersetzung mit unterschiedlichen Sichtweisen und unterschiedlichen Interpretationen präzisiert, konsolidiert und weiterentwickelt.

> Kommunikation und Interpretation fördern
> die Entwicklung von Wissen.

2.1.6 Wissen, Kultur und Sprache

Wir haben bereits festgestellt, dass Wissen maßgeblich mit unserem Interesse an der Welt zu tun hat. Was wir mit der Welt tun „wollen", hängt wiederum maßgeblich von unserer Kultur und unserer Sprache ab. Wieso?

Um in der Welt überleben zu können, müssen wir uns darin zurecht finden. Diese Welt sieht für uns Menschen ganz unterschiedlich aus – wir können in der Wüste leben, in der Tundra, in den Alpen oder am Mittelmeer. Je nachdem, wo wir leben, stellt die Welt um uns, unsere Um-Welt, andere Ansprüche an uns: Wir müssen lernen, mit Sand und mit Wassermangel, mit Schnee, Eis und Kälte, mit wenig Ackerland oder mit viel Sonne und einem milden Winter zu leben. Jede dieser Umwelten verlangt von uns, dass wir uns mit unterschiedlichen Aspekten der Welt auseinandersetzen. Diese Aspekte sind für uns lebenswichtig. Wir nehmen sie viel mehr und viel genauer wahr als diejenigen, die nicht so wichtig sind. Wir müssen sie auf uns beziehen, weil sie uns betreffen. Die Tatsache, dass es in den Alpen viel schneit, beeinflusst z.B. die Bauform der Häuser, den Kleidungsstil, die landwirtschaftlichen Produkte und auch die Essgewohnheiten der dort lebenden Menschen.

Jede Lebensgemeinschaft verhält sich auf eine bestimmte Weise nicht nur zur Landschaft und zum Wetter, sondern auch zu den Menschen in dieser Gemeinschaft. Wie man miteinander umgeht, was man fühlt, denkt, sagt, was man *nicht* sagt, ob man an ein Leben nach dem Tod glaubt, ob man die Götter für das Wetter verantwortlich macht – all diese „Dinge" stellen auch lebenswichtiges Wissen dar. Auch diese Aspekte unserer Umwelt sind Teil unseres Umgangs mit der Welt; sie sind Teil der Ordnung, die in jeder Gemeinschaft gelernt werden muss.

Wir lernen also, die für uns wesentlichen Aspekte der Welt so zu ordnen, dass wir in dieser Ordnung zurecht kommen, dass wir darin und damit leben können. Es ist diese Ordnung, die wir als Kultur bezeichnen.

■ Kultur ordnet und interpretiert die Welt.

Es ist natürlich nicht nur notwendig, den Teil der Welt, in dem wir (über)leben, differenziert und geordnet wahrzunehmen, sondern auch darüber kommunizieren zu können. Kommunikation ist deswegen notwendig, weil der Mensch nicht als Einzelner existiert, sondern nur als soziales Wesen überleben kann. Die Kommunikation ermöglicht es uns, diese Welt noch besser zu ordnen und als Gruppe sinnvoll damit umzugehen.

Diejenigen Aspekte der Welt – sowohl die materiellen als auch die immateriellen – die für uns wichtig sind, die für unsere Kultur als relevant erachtet werden, nehmen wir als Realität wahr. Diese werden daher Gegenstand der Sprache. Eine Kultur z.B., die davon ausgeht, dass die Natur von menschenähnlichen Wesen beseelt ist, wird auch die Wörter haben, über dieses Phänomen zu sprechen. Wenn etwas für uns nicht wichtig ist oder nicht wahrgenommen wird, brauchen wir nicht darüber zu sprechen. Wir können also sagen, dass Sprache uns die Möglichkeit liefert, über die von unserer Kultur wahrgenommene Realität zu sprechen.

> Sprache ist das Medium, mit dem wir unsere Wahrnehmung der Realität kommunizieren.

Auch wissenschaftliche Kommunikation erfolgt hauptsächlich mittels Sprache. Auch diese Sprache ist zwangsläufig Ausdruck der Kultur, in der sie stattfindet. Daher ist jede Form der wissenschaftlichen Kommunikation immer auch Ausdruck einer Kultur. Die Feststellung, dass auch WissenschaftlerInnen Menschen sind, ist auch hier relevant. Auch WissenschaftlerInnen nehmen die Welt „durch den Filter" ihrer Kultur wahr und drücken ihre Erkenntnisse mittels ihrer kulturgeprägten Sprache aus. So gesehen ist Wissenschaft immer kulturspezifisch.

Das wissenschaftliche Interesse an einem Teil der Welt, einem Gegenstand etc., wird aber, wie wir bereits gesehen haben, nicht nur von der Kultur und der Sprache der jeweiligen WissenschaftlerInnen beeinflusst, sondern auch von dem, was sie daran verstehen wollen – mit anderen Worten, von der wissenschaftlichen Fragestellung.

Diese wissenschaftliche Fragestellung bildet den Zugang der jeweiligen Disziplin zu dem Gegenstand oder Teil der Welt, der untersucht wird.

Wenn jemand verstehen will, welche Körperfunktionen dafür zuständig sind, dass der Mensch aufrecht gehen kann, stellt er z.B. andere Fragen als jemand, der herausfinden möchte, warum manche Menschen gewalttätig oder depressiv sind. Je nachdem, welche Fragen gestellt werden, werden unterschiedliche Aspekte des Menschen, unterschiedliche „Daten", als relevant erachtet. Der Gegenstand *Mensch* bleibt gleich. Der Untersuchungsgegenstand einer einzelnen Wissenschaft (Disziplin) ist also nicht identisch mit dem Gegenstand *an sich*. Genauso wie alle Menschen in allen Kulturen Dinge aus dem Kontinuum der Realität konstruieren, so konstruiert jede Disziplin ihren eigenen Forschungsgegenstand mittels der Fragen, die gestellt werden – und auch mittels der Antworten, die gesucht werden.

> Ein Gegenstand kann Forschungsgegenstand mehrerer Disziplinen sein, z.B. der Mensch als Forschungsgegenstand der Medizin, der Psychologie, der Philosophie, der Soziologie etc.
> Somit kann ein Gegenstand mehrere Forschungsgegenstände „enthalten".

Wir sehen also, dass die Produktion von wissenschaftlichem Wissen einer mindestens zweifachen Interpretation unterliegt: auf der einen Seite der Interpretation der Kultur und Sprache, in der die WissenschaftlerInnen denken und handeln; auf der anderen Seite der Disziplin, in der sie tätig sind und die sie dazu veranlasst, ganz spezifische Fragen zu stellen. Diese Fragen bestimmen auch ihre Erwartungen darüber, welche Antworten möglich sein könnten.

Wissen ist also immer das Ergebnis von Interpretation. Diese Tatsache wird in der Diskussion über die Art und Weise, wie wir Wissen schaffen und warum wir Wissenschaft betreiben, noch einmal von Relevanz sein. Zunächst bleiben wir bei der Feststellung, dass wissenschaftlich erzeugtes Wissen aufgrund seines interpretativen Charakters keinen Anspruch auf universelle, unabänderliche, absolute Gültigkeit erheben kann.

> Auch wissenschaftliches Wissen stellt eine Interpretation der Welt dar.

2.1.7 Wissen kann sich als falsch erweisen

Heute wissen wir alle, dass die Erde nicht flach ist. Besser gesagt, wir glauben es zu wissen. Unterschiedliche Wissenschaftler und Reisende haben vor längerer Zeit Beweise dafür gebracht, dass die Erde kugelförmig ist. Vorher galt mehrere Jahrhunderte lang, dass die Erde flach sei. Die Menschen haben das damals „gewusst" – oder nur geglaubt? Bis ins späte 18. Jahrhundert galt es als wissenschaftlich erwiesen, dass Menschen mit „nicht-weißer Hautfarbe" keine Seele besitzen. Und bis vor nicht allzu langer Zeit „wusste" man auch, dass Frauen weniger lernfähig seien als Männer. Manche glauben, das noch heute zu wissen. Es werden noch heute wissenschaftliche Studien hervorgebracht, die beweisen, dass manche „Rassen" weniger entwickelt seien als andere. Diese Auflistung macht einen sehr wichtigen Aspekt von Wissen deutlich: *Wissen ändert sich.* Wieso eigentlich?

Wir haben bereits gesagt, dass Wissen von der Perspektive der Wissenssuchenden und von ihrem Interesse am Gegenstand abhängt. Wir haben weiters festgestellt, dass in der Wissensproduktion und der Kommunikation die Kultur und Sprache der WissenschaftlerInnen eine große Rolle spielen.

Es dürfte klar sein, dass auch die Zeit, in der die wissenschaftlichen Fragen gestellt werden, von Bedeutung ist. Wenn z.B. die Mehrheit einer Gesellschaft davon ausgeht, dass Frauen den Männern unterlegen sind, wird es dem einzelnen Wissenschaftler (und vielleicht sogar der einzelnen Wissenschaftler*in*) nicht so leicht fallen, gegen den geistigen Strom zu schwimmen. Sich in einem solchen intellektuellen Klima die Frage zu stellen, ob das, was „alle wissen" und viele „bewiesen" haben, tatsächlich stimmt, erfordert nicht nur Mut, sondern die Betrachtung des Gegenstandes, der „Tatsachen", aus einem völlig neuen Blickwinkel. Es ist immer ein Perspektivenwechsel notwendig, damit das allgemein akzeptierte Wissen in Frage gestellt werden kann.

Klarerweise ist es sehr oft in der Geschichte der Menschheit zu einem solchen Perspektivenwechsel gekommen. Heute wissen wir, dass die Erde rund ist, dass Frauen mindestens so intelligent sind wie Männer und dass es keine angeborene Über- oder Unterlegenheit bei den menschlichen „Rassen" gibt. Es ist natürlich nicht auszuschließen, dass unser heutiges Wissen sich auch irgendwann als falsch erweisen wird. Dass wir z.B. irgendwann darauf kommen werden, dass es keine Rolle spielt, ob wir viel Sport betreiben, oder dass die Evolutionstheorie einfach nicht stimmt. Wie diese Änderungen des Blickwinkels zustande kommen und welche Auswirkungen sie haben, werden wir in den Kapiteln 2 und 3 diskutieren.

Es fällt auf, dass jedes Zeitalter glaubt, das eigene Wissen würde nicht nur den höchsten Stand der Dinge darstellen, sondern dass dies auch das wirklich richtige Wissen sei, also unverrückbar gültig. Sind wir alle so von uns überzeugt, dass wir die Entwicklungsgeschichte des Wissens ignorieren wollen? Oder sind wir alle so naiv, dass wir glauben, die Zukunft wird keine tieferen Erkenntnisse hervorbringen?

Weder noch. Wir alle, ob WissenschaftlerInnen oder nicht, können nur mit dem Wissen arbeiten, das wir gerade haben. Jeder Mensch lernt im Laufe seines Lebens mehr dazu, aber in jeder einzelnen Phase seines Lebens kann er sich nur nach dem orientieren, was er gerade in dem Moment weiß. Es wäre natürlich sinnlos, sich zu sagen, ich warte mal ab, was ich in 10 Jahren wissen werde, und handle vorläufig nicht. Die provisorische Natur von Wissen mindert seine Gültigkeit als momentane Orientierungshilfe in keiner Weise. Es wird nur dann gefährlich, wenn wir uns dieser Vergänglichkeit nicht bewusst sind und einmal erworbenes Wissen als ein für alle Mal gültig betrachten.

> Wissen ist nicht allgemein gültig, ist nicht von ewiger Dauer, ist zwangsläufig provisorisch.

Wissen, das sich *nicht* als falsch erweisen lässt, ist nicht entwicklungsfähig. Es bleibt starr und geschlossen gegenüber neuen Erkenntnissen und kann sich nicht an neue Bedürfnisse anpassen. Zu sagen, dass Wissen überholt wird, dass es provisorisch ist, bedeutet, dass wir in der Lage sind *zu lernen*.

Die obigen Ausführungen haben uns gezeigt, dass Wissen nichts Statisches ist, sondern etwas, das sich ändert, erweitert, entwickelt, bewegt. Wissen besteht nicht aus vorgefertigten Daten. Es wird konstruiert und „gewusst“ auf unterschiedliche Weise, in unterschiedlichen Situationen, von unterschiedlichen Menschen mit unterschiedlichen Interessen. Wissen ist kein Gegenstand, sondern ein Prozess.

Was ist Wissen?
Wissen ist ein Prozess,
ist individuell,
ist kollektiv,
ist kulturspezifisch,
ist provisorisch.
Wissen hilft uns, die Dinge zu verstehen,
sie zu erklären und sinnvoll und bewusst damit umzugehen.

2.2 Woher kommt das Wissen?

Da wir jetzt festgestellt haben, dass Wissen ein Prozess ist, können wir diese Frage gleich umformulieren und fragen:

Wie sieht der Prozess des Wissens aus und wie wird dieser Prozess in Gang gebracht?

Wir haben uns bis jetzt mit den Eigenschaften von Wissen beschäftigt; hier geht es um die unterschiedlichen Arten von Wissen als Prozess und dessen Ursprünge bzw. Entwicklungspotenzial.

2.2.1 Implizites Wissen

Implizit bedeutet: mitenthalten, mitgemeint, (mit) inbegriffen, aber nicht ausdrücklich gesagt.

Implizites Wissen ist also Wissen, von dem wir oft nichts wissen. Wir „haben“ es, aber wir sind uns dessen nicht bewusst. Was haben wir dann davon? Und wie kommt es, dass wir etwas wissen, ohne es zu wissen? Das Nützliche am impliziten Wissen ist, dass wir uns nicht anstrengen müssen um es „anzuwenden“. Wir wissen, wie man trinkt, wir wissen, wie man atmet, wir wissen, dass Feuer uns weh tut, und, dass wir die Hand nicht ins Feuer legen sollen. Wir müssen nicht darüber nachdenken, wir wissen es einfach und handeln danach. Vieles von diesem Wissen ist angeboren (2.2.3), wie z.B. Atmen, anderes ist erlernt, wie z.B. die Tatsache, dass Feuer weh tut (2.2.4). Vieles lernen wir durch Nachahmung, z.B. sehen wir, wie unsere Eltern kochen und machen es ihnen nach, ohne dass sie es unbedingt erklärt hätten oder dass wir danach gefragt hätten. Eine Tischlermeisterin lernt nach mehreren Jahren des Umgangs mit Holz, welche Holzarten sich für welches Möbelstück eignen, ohne dies unbedingt je gehört zu haben oder es auch erklären zu können. Sie weiß es, weil sie ein Gefühl für das Holz hat.

Implizites Wissen hat also die wichtige Funktion, unsere Handlungen unbewusst zu leiten und schnell einsatzfähig – also anwendbar – zu sein.

2.2.2 Explizites Wissen

Explizit, vom lateinischen *explicare* (erklären), bedeutet ausdrücklich, ausführlich oder deutlich.

Dementsprechend ist explizites Wissen ein Wissen, das wir ausdrücken können, das wir erklären können und von dessen Existenz wir wissen. Wenn eine Köchin erklären kann, warum sie etwas mehr Mehl zum Kuchenteig gibt, oder eine Sängerin erklären kann, wie sie einen bestimmten Ton hervorbringt, drücken sie ihr Wissen aus, sie machen es explizit. Um es explizit machen zu können, müssen sie auch wissen, dass sie dieses Wissen besitzen, das es ihnen ermöglicht, etwas zu denken oder zu tun. Das heißt: Explizites Wissen gibt uns die Möglichkeit, unsere Gedanken und Handlungen zu hinterfragen, zu erklären – und zu kommunizieren.

2.2.3 Angeborenes Wissen

Gibt es denn so etwas, oder kommen wir auf die Welt „mit nichts im Kopf", als *tabula rasa,* also ohne Eindrücke, Erfahrungen, Erwartungen?

Wenn wir völlig ohne Wissen und ohne Erwartungen auf die Welt kämen, würden wir schlichtweg nicht überleben. Jedes Neugeborene weiß, dass es atmen muss, es weiß, dass es saugen muss. Auch wenn diese Vorgänge aktiviert werden müssen, z.B. durch den Schock der Geburt oder durch Kontakt mit einem anderen menschlichen Körper, die Bereitschaft zu diesen Handlungen ist von vornherein gegeben. Diese Bereitschaft ist eigentlich eine Haltung des Körpers, die eine Erwartung darstellt. Der neugeborene menschliche Körper erwartet einen Reiz, der ihn zum Atmen oder Saugen veranlasst. Diese Erwartungen können wir als Wissen bezeichnen, sie sind bei allen Lebewesen vorhanden.

Auf der anderen Seite müssen wir auch möglichst frei von Erfahrungen und Prägungen sein, um überleben zu können. Denn das angeborene Wissen in Form von Erwartungen hat uns nicht für ein *spezifisches* Leben, in einer *spezifischen* Kultur mit einer *spezifischen* Sprache ausgestattet, sondern nur sehr *allgemein* für ein Leben als Mensch. Das heißt: Unser angeborenes Wissen muss möglichst offen und unvoreingenommen sein, um sich an die tatsächlichen Bedingungen unseres ganz individuellen Lebens anpassen zu können.

Wir kommen z.B. alle auf die Welt mit dem angeborenen Wissen von Sprache. Das bedeutet, wir haben alle die angeborene Fähigkeit, Sprache zu lernen. Dies ist ein Ergebnis der menschlichen Evolution. Unser Körper/Geist, als Produkt der Evolution, kann aber nicht wissen, in welcher sprachlichen Umgebung wir gerade geboren werden, ob wir Chinesisch, Spanisch oder Irisch sprechen werden. Daher müssen wir *theoretisch wissen,* wie man sie *alle* spricht. Das heißt natürlich nicht, dass die Grammatikregeln und die Vokabeln aller Sprachen der Welt in unserem Kopf gespeichert sind. Es bedeutet, dass unsere kognitiven Strukturen so beschaffen sind, dass wir *jede beliebige* Sprache lernen könnten.

Grundsätzlich ist es das angeborene Wissen, aufgrund dessen wir lernen können, auf eine für uns sinnvolle Weise mit der Welt umzugehen, sie zu verstehen (soweit das menschenmöglich ist) und auch über sie zu kommunizieren. Die kognitiven Strukturen der Menschen sind so beschaffen, dass sie ein für die Menschen adäquates Wissen um die Welt ermöglichen.

Angeborenes Wissen ist theoretischer Natur.
Es ist die Voraussetzung für die praktische Realität des Lebens.

2.2.4 Erworbenes Wissen

Unsere Fähigkeit, Wissen zu erwerben, hängt mit unserem angeborenen Wissen zusammen.

Der Wissenserwerb wird auch *Lernen* genannt. Wir lernen, weil die Welt nicht ganz unseren Erwartungen entspricht. Wir erwarten z.B., dass das rote Feuer, das uns wärmt und schön aussieht, auch schön sein wird, wenn wir näher kommen. Wenn wir zu nahe kommen, tut es uns nicht mehr gut, sondern weh. Das nächste Mal gehen wir nicht so nah heran. Wir haben aus der Erfahrung gelernt.

Wissen entsteht durch die Enttäuschung von Erwartungen.

Wir lernen aus dieser Diskrepanz zwischen Erwartung und Erfahrung.

Jede neue Erfahrung hat eine Wirkung auf unsere Erwartungen. Sie kann sie bestätigen oder ändern. Ein Kleinkind z.B. erwartet, dass die Menschen freundlich reagieren, wenn es sie anlächelt. Die Erfahrung wird meist diese

Erwartung bestätigen. Im Laufe des Lebens allerdings machen wir auch die Erfahrung, dass manche Menschen unfreundlich oder verunsichert reagieren, wenn wir sie anlächeln. Unsere Erwartungen werden dadurch enttäuscht. Unser Wissen wird aber gerade dadurch komplexer und differenzierter, weil unsere Erwartungen den tatsächlichen Bedingungen der Realität angepasst werden müssen. In Zukunft können wir zwar noch immer erwarten, dass die meisten Menschen freundlich reagieren werden, wir wissen aber, dass dies nicht der Fall sein *muss*. Wir haben dazugelernt. Bei noch mehr Erfahrung in diesem Bereich lernen wir vielleicht noch mehr zu differenzieren, z.B. zu erkennen, *wann* die Menschen unfreundlich reagieren und vielleicht sogar *warum*.

In jedem Fall erwerben wir Wissen durch die Enttäuschung von bereits vorhandenem Wissen. Erworbenes Wissen kann sowohl impliziter als auch expliziter Natur sein, es kann unbewusst ablaufen oder auch bewusst eingesetzt und kommuniziert werden.

> Lernen findet im Spannungsverhältnis zwischen vorhandenem Wissen und realer Erfahrung statt.

2.2.5 Intuitives Wissen

Die sogenannte Intuition ist eine Form von implizitem Wissen und ein Produkt der Erfahrung.

Intuition ist meist unerklärbar und nicht kommunizierbar. Wir bezeichnen ja eine Entscheidung oder ein Gefühl als „intuitiv" gerade dann, wenn wir nicht erklären können, warum wir sie treffen oder woher das Gefühl kommt. Intuition ist aber nicht angeboren, sondern entsteht, wie gesagt, durch unsere Erfahrung mit realen Gegebenheiten. Sie ist zwar etwas sehr Subjektives, ihre Entstehung kann aber objektiv erklärt werden.

Intuition wird oft als das Gegenteil von logischem oder regelgeleitetem Denken betrachtet. Dies stimmt nur zum Teil. Denn intuitives Wissen folgt zwar keinen Regeln, kann sich aber ohne die Beobachtung von Regelmäßigkeiten nicht entwickeln. Was bedeutet das genau?

Fast alle unsere Handlungen und Lernprozesse hängen davon ab, dass es Regelmäßigkeiten in der Welt gibt, und auch davon, dass wir diese Regelmäßigkeiten wahrnehmen. Regel-mäßigkeit bedeutet *nicht*, dass alles nach sturen, unabänderlichen Regeln abläuft. Es bedeutet aber sehr wohl, dass wir uns auf die *Ähnlichkeit* bestimmter Abläufe verlassen können.

Es fällt uns z.B. auf, dass Blumen im Frühling blühen. Wir stellen fest, dass dies jedes Jahr geschieht und leiten daraus die Regel ab: Blumen blühen im Frühling. Es ist leider allerdings so, dass nicht jeder Frühling zum gleichen Zeitpunkt beginnt, gleich sonnig oder gleich schön ist. Manchmal ist es im April noch sehr kalt und die Blumen gehen etwas später auf. Nichtsdestotrotz sehen wir gewisse Ähnlichkeiten zwischen einem kalten Frühling und einem warmen Frühling. Die Knospen an den Bäumen sind trotzdem vorhanden, die Luft riecht anders als im Winter und die Vögel beginnen zu zwitschern. Es sind diese Ähnlichkeiten, die es uns ermöglichen, diese Phase des Jahres als *Frühling* zu erkennen und als solche zu bezeichnen. *Ähnlich* bedeutet also nicht *gleich*.

Auf ähnliche Weise erkennen wir die Stimme einer vertrauten Person, gleichgültig ob sie fröhlich, traurig oder müde klingt. Wir sagen vielleicht: „Du klingst heute ganz anders", aber *ganz anders* klingt sie eben nicht – sonst würden wir sie nicht erkennen. Eine gewisse Ähnlichkeit bleibt bestehen, denn Er-kennen bedeutet eigentlich Wieder-Kennen. Wir können nur er-kennen, was wir bereits kennen.

Zurück zum intuitiven Wissen: Wir „haben" eine Intuition eben dann, wenn wir spontan viele solche Regelmäßigkeiten er-kennen, und zwar mit einer solchen Geschwindigkeit, dass wir uns dessen nicht bewusst sind.

Wenn wir „das Gefühl" haben, dass es einer Freundin nicht gut geht, ist es meistens deswegen, weil wir viele Regelmäßigkeiten auf einmal erkannt und verarbeitet haben. Wir nehmen unbewusst wahr, dass sie z.B. weniger aufrecht geht als sonst, dass ihre Augen etwas matt wirken, dass ihr Lächeln vielleicht gezwungen erscheint und dass sie mit den Gedanken nicht ganz bei der Sache ist. Es ist die Feststellung „anders als sonst", die uns sagt, dass es ihr nicht gut geht. Dies funktioniert nur, wenn wir wissen, wie sie in der *Regel* aussieht und sich *in der Regel* verhält. Ohne die Regel könnten wir die Abweichung nicht erkennen. Es heißt ja auch: Die Ausnahme bestätigt die Regel. Es ist die Abweichung von der Regel, die uns das Indiz für den tatsächlichen momentanen Zustand der Freundin liefert.

Diese Abweichungen haben ihre eigene Regelmäßigkeit: Wenn es *dieser Freundin* nicht gut geht, sind ihre Augen matt, ihr Lächeln gezwungen. Das wissen wir, denn so ist es immer. Bei anderen Freunden treten vielleicht andere Regelmäßigkeiten auf, z.B. nervöses Lächeln oder Reizbarkeit. Wenn wir die Person gut kennen – oder auch nur „Menschenkenntnis" haben –, brauchen wir nur einen Bruchteil von Sekunden, um dies alles festzustellen und den Gedanken zu formulieren: Es geht ihr nicht gut.

Intuition spielt nicht nur im alltäglichen Leben eine wichtige Rolle, sondern ist auch im Beruf sehr relevant. Die Intuition einer Ärztin, die ihr „sagt", was die richtige Diagnose ist, oder eines Lehrers, die ihm „das Gefühl" gibt, dass die SchülerInnen nichts verstanden haben, beruht auf demselben Prinzip wie die alltägliche Intuition. In beiden Fällen handelt es sich um das schnelle, unbewusste Erkennen von Regelmäßigkeiten und Abweichungen davon, das zu einem unbegründbar scheinenden Urteil führt. Die „fachliche Intuition" wird oft als Expertise oder Know-how bezeichnet (siehe 3.3.2 und 3.4.1).

2.2.6 Objektives Wissen

Es wird oft davon ausgegangen, dass das sogenannte objektive Wissen das einzig wirklich verlässliche, gültige Wissen darstellt. Man hört oft den Vorwurf: „Das ist nur deine subjektive Meinung", wenn das Wissen einer anderen Person abgewertet werden soll.

Die Phrase, *objektiv gesehen,* besitzt in unserer Kultur und Sprache sehr viel Gewicht. Was bedeutet sie eigentlich? Wir haben oben bereits festgestellt, dass Wissen nicht in einem Vakuum entsteht oder besteht, sondern immer von einem Menschen oder einem anderen Organismus gewusst wird. Wissen ist daher, wie bereits ausgeführt, abhängig von einem wissenden Subjekt, das in einer bestimmten Zeit, einer bestimmten Kultur oder Um-welt eingebettet ist und das über ein Kommunikationsmedium (z.B. Sprache) verfügt.

Wissen wird nicht nur *von jemandem* (oder etwas) gewusst, das heißt, es braucht nicht nur ein wissendes Subjekt, sondern auch ein Objekt: Es wird *Etwas* gewusst. Man kann nicht sagen: „Ich weiß", ohne zu meinen „Ich weiß etwas". Um sagen zu können, *ich* weiß *etwas,* muss *ich* mich auf dieses *Etwas* beziehen. Es besteht immer eine Beziehung zwischen dem wissenden Subjekt und dem gewussten Objekt. Wie wir oben bereits gesagt haben, hängt dieses Sich-Beziehen vom Interesse des/der Wissenden an dem Gewussten ab. Das heißt, der/die Wissende betrachtet das zu wissende Objekt zwangsläufig aus einem spezifischen Blickwinkel, aus einer ganz bestimmten Perspektive.

> Das wissende Subjekt hat immer einen Standpunkt,
> von dem aus es die Welt betrachtet.
> Wissen ist daher nie neutral.

Wissen ist also in diesem Sinne immer etwas Subjektives: Neutrales Wissen kann es nicht geben. Heißt das, dass wir mit einem Wirrwarr von vereinzelten subjektiven Wissenskonstrukten auskommen müssen? Im Alltag scheint es oft so zu sein, und Konsens über „die Wahrheit“ kann oft nur mittels Auseinandersetzung erreicht werden – oder manchmal gar nicht.

Auch in der Wissenschaft versucht man, Konsens über „die Wahrheit“ zu erreichen, meistens auch mittels Auseinandersetzung. Mit *Wahrheit* meinen wir in der Wissenschaft keine absolute, immerwährende Wahrheit, sondern etwas, das mehrere Personen nach Auseinandersetzung mit dem zu wissenden Objekt (Forschungsgegenstand) für wahrscheinlich, verständlich und logisch argumentierbar, also für *plausibel* halten.

Die einzelnen WissenschaftlerInnen betrachten zwar den Forschungsgegenstand aus dem Blickwinkel ihrer Disziplin, aber auch aus ihrer eigenen Perspektive. Die disziplinäre und die individuelle Perspektive wirken zusammen. Die Auseinandersetzung erfolgt mittels Kommunikation mit WissenschaftlerInnen aus der eigenen Disziplin oder anderen Fachrichtungen, wobei jede/r versucht, die eigene Interpretation, das eigene Wissen überzeugend zu argumentieren. Wie im Alltag wird manchmal Konsens über die Gültigkeit des jeweiligen Wissens erreicht – und manchmal nicht.

Die sogenannte wissenschaftliche Wahrheit, die oft auch objektives Wissen genannt wird, ist also das Produkt von inter-subjektiver Auseinandersetzung und Kommunikation und ist, wie wir oben bereits gesehen haben, etwas, das geändert, revidiert, überholt werden kann.

> Wissenschaftliche „Wahrheit“ beruht auf
> intersubjektivem Konsens.
> Wissen ist immer eine Beziehung zwischen Subjekt und Objekt.

2.2.7 Theoretisches Wissen

Theoretisches Wissen ist die Vorraussetzung für jedes Handeln. Wir können nicht handeln, ohne auf irgendeine Weise zu wissen, was wir tun wollen oder sollen. Ganz einfach gesagt, theoretisches Wissen – Theorie – gibt uns Richtlinien, Anhaltspunkte, Anweisungen für das, was wir tun.

Dieses theoretische Wissen kann angeboren sein, wie z.B. die Erwartung, dass wir in einer Umwelt leben werden, in der unsere Lungen Sauerstoff verarbeiten. Es kann in Form von erworbenem Wissen vorhanden sein, wie z.B. dem Wissen darum, wie lang man die Tasten eines Klaviers drücken muß, um einen bestimmten Klang hervorzubringen. Es kann impliziter oder expliziter Natur sein, d.h. unbewusst oder bewusst, nicht mitteilbar oder doch kommunizierbar. Es kann die Basis von Intuition bilden oder auch als wissenschaftliche Lehrmeinung existieren.

Die Ausdrücke *theoretisches* Wissen oder *Theorie* klingen sehr abstrakt. Das sind sie auch. Sie sind die Abstraktion von etwas, nämlich die Abstraktion von Praxis.

Wenn wir etwas tun, sei es atmen, sprechen, Rad fahren oder jemanden lieb haben, tun wir es auf eine bestimmte Weise: Wir tun es intuitiv, aufgrund von Regeln, die wir in der Schule oder in unserer Kultur gelernt haben oder weil wir unsere ganz individuelle Meinung davon haben, wie etwas gemacht werden soll. Wir können nichts tun, ohne irgendeine Handlungsanleitung von irgendwo zu haben – sei es aus der Natur (der Evolution), der Kultur oder den eigenen Gedanken. Diese Handlungsanleitungen sind eben Theorien. Sie sind insofern eine Abstraktion der Praxis (der Handlung), als sie sich erst in der Handlung ausdrücken. Beim Radfahren wissen wir, wie schnell wir in die Pedale treten müssen, damit das Rad aufrecht bleibt, wie wir das Gleichgewicht halten etc. Das Wissen, wie wir das machen, die Anleitung dazu, drückt sich unmittelbar in der Praxis *erfolgreiches Radfahren* aus.

Auch eine scheinbar „unpraktische" Praxis, wie jemanden lieb haben, ist insofern eine Handlung, als wir es tun müssen, damit es wirkt. Jeder von uns kennt den Unterschied zwischen den Worten und der Handlung, zwischen den Worten *ich hab dich lieb* und der tatsächlichen Praxis von *lieb haben*. Auch hier wird unser Handeln, inklusive unserer Gefühle, von gewissen Erwartungen, Vorstellungen, Wünschen geleitet. Diese fungieren als Anweisungen für unser Handeln, „sagen" uns, was wir tun sollen und können z.B. in diesem Fall als unsere *Theorie der Liebe* bezeichnet werden.

Theoretisches Wissen ist daher eigentlich immer praxisbezogen. Es hätte keinen Sinn, eine Theorie zu haben ohne Praxis. Denn wozu braucht man eine Theorie von Nichts?

> Theoretisches Wissen bezieht sich immer auf eine Praxis. Theorie ohne Praxis ist eine Theorie von Nichts.

Und wie sieht es aus mit wissenschaftlichen Theorien? Auch diese sind Abstraktionen einer Praxis. Genauer gesagt, sie stellen den *Versuch* dar, die Abstraktion einer Praxis zu formulieren.

Die Physik z.B. versucht uns zu erklären, wie wir beim Radfahren das Gleichgewicht halten. Die Medizin will beschreiben, welche Muskeln dabei involviert sind, wie die Atmung und der Gleichgewichtssinn dazu beitragen, dass wir nicht vom Rad fallen. Ob es genauso stimmt, wie es die heutige Medizin erklärt, und ob sie wirklich alle Anweisungen erfasst, die unser Körper uns für das Radfahren zur Verfügung stellt, ist nicht so wichtig. Die Medizin und die Physik versuchen beide, aus unterschiedlichen Blickwinkeln, mittels unterschiedlicher Fragen und mit verschiedenen Erkenntnisinteressen, eine Theorie der Praxis des Radfahrens zu formulieren.

Die Wissenschaft versucht zu erfassen, warum die Dinge so sind, wie sie sind, und wie sie zustande kommen: wie die Kiemen eines Fisches funktionieren, warum Menschenbabys Zuneigung brauchen, um physisch zu überleben oder was das Universum hervorgebracht haben könnte. In jedem Fall bezieht sich eine Theorie auf eine Praxis.

Eine interessante Frage dabei ist, inwiefern die von der Wissenschaft formulierte Theorie dieser Praxis entspricht. Mit anderen Worten: Kann diese wissenschaftliche Theorie als „Anweisung" für die von ihr beschriebene Praxis fungieren? Könnte z.B. die Umsetzung der medizinischen Theorie des Radfahrens wirklich das Radfahren produzieren? Die Frage ist also nicht: *Hat* Theorie etwas mit Praxis *zu tun?*, sondern *inwiefern* entspricht eine bestimmte Theorie der tatsächlich untersuchten Praxis.

> Wissenschaftliche Theorien versuchen,
> eine Praxis auszudrücken.

2.2.8 Praktisches Wissen

Nach unserer Definition von theoretischem Wissen macht es eigentlich wenig Sinn, von praktischem Wissen zu sprechen. Denn jede Praxis ist theoriegeleitet.

Es wird oft behauptet, dass wir praktisches Wissen brauchen, um etwas zu können, im Gegensatz zu sogenanntem theoretischen Wissen, das uns nicht unbedingt zum Können befähigt. Man hört z.B. Aussagen wie: Er kann sehr gut Englisch, ohne die Regeln zu kennen. Es wird daraus abgeleitet, dass derjenige eben praktisches Wissen besitzt und auf theoretisches Wissen verzichten kann. Tatsache ist aber, dass die Person sehr wohl die Regeln kennt, sonst könnte sie nicht Englisch sprechen; sie ist *sich der Regeln nur nicht bewusst*. Wir alle sprechen z.B. unsere erste Sprache, ohne die Regeln bewusst gelernt zu haben. Die meisten Menschen wären auch nicht in der Lage, diese Regeln zu erklären oder auszudrücken. Das bedeutet aber nicht, dass sie sie nicht kennen, dass sie dieses theoretische Wissen nicht besitzen (siehe oben).

Umgekehrt, wenn jemand „die Regeln" kennt, aber die Sprache nicht gut sprechen kann, wird gerne behauptet, die Theorie nütze ihm nichts. Wenn dem so ist, hat er eben die falsche Theorie für die gewünschte Praxis. Es fehlt ihm eben etwas. Seine Theorie des Englischen z.B. entspricht nicht der tatsächlichen englischen Sprache. Seine Theorie bezieht sich nicht auf die reale Praxis des Englisch-Sprechens. Im besten Fall bezieht sie sich auf eine imaginäre Praxis der Grammatiker.

Das sogenannte praktische Wissen ist also eigentlich die andere Seite des theoretischen Wissens, nämlich die tatsächliche Praxis.

> Praktisches Wissen ist nicht das Gegenteil
> von theoretischem Wissen.
> Es gibt keine Praxis ohne Theorie.

2.3 Wie schafft man Wissen?

Die Wissenschaft versucht zu erklären, warum die Dinge so sind, wie sie sind. Diese Erklärung kann nur erfolgen, wenn WissenschaftlerInnen sich auf die Dinge beziehen, wenn sie also Objekte außerhalb von sich selbst beobachten, d.h. wenn wir uns damit aus-einander-setzen. Dies gilt auch für Prozesse, Abläufe und „Gegenstände" innerhalb des eigenen Ichs. Um z.B. zu analysieren, was *ich* fühle oder denke oder wie *mein Körper* auf etwas reagiert, muss ich (eigentlich mein reflektierendes Bewusstsein) meine Gefühle, meine Gedanken, meinen Körper als etwas Getrenntes sehen: Ich muss mich von mir distanzieren, um „mich" beobachten zu können. Die Distanz, die dieses getrennte Beobachten ermöglicht, können wir also *kritische Distanz* nennen.

Und genau so geht die Wissenschaft vor. Der fundamentale Unterschied zwischen Alltagswissen und wissenschaftlichem Wissen besteht eben in der kritischen, reflektierten Distanz. WissenschaftlerInnen lernen, ihre unmittelbare Erfahrung von Dingen zu hinterfragen, zu analysieren, darüber zu reflektieren und sie nicht einfach als evidente Wahrheit anzunehmen. Sie stellen Hypothesen auf, prüfen diese an der Realität und lassen sie auch in der Kommunikation mit Kolleginnen kontrollieren. So versucht die Wissenschaft, zu einem präziseren, tieferen und umfangreicheren Verständnis der Dinge zu kommen, als die Alltagserfahrung und das Alltagswissen uns liefern können. Das von der Wissenschaft geschaffene Wissen muss also sowohl explizit als auch kommunizierbar sein, um der inter-subjektiven Kontrolle zugänglich zu sein.

> Wissenschaftliches Wissen ist: kritisch, reflektiert, überprüfbar.
> Es ist auch: erworben, explizit und kommunizierbar.

Wie das Alltagswissen ist auch wissenschaftliches Wissen nicht neutral. Alle Menschen, die Wissenschaft betreiben, stehen irgendwo in der Welt und haben daher einen Stand-punkt. Es ist nicht möglich, von *keinem Blickwinkel* auf etwas zu sehen. Und niemand betrachtet oder beobachtet etwas, ohne *ein bestimmtes Interesse* daran zu haben. Wissenschaftliches Wissen ist nicht objektiv im Sinne einer allgemein gültigen Wahrheit. Es ist, wie das Alltagswissen, von Personen, Interessen, der Zeit und der Kultur abhängig.

Es handelt sich beim wissenschaftlichen um erworbenes Wissen, das sich auch als Intuition entwickeln kann (siehe 3.3.2). Auch das wissenschaftliche Wissen ist ein Prozess, der allerdings anderen Mechanismen unterworfen ist als das Alltagswissen. Wie diese Mechanismen aussehen und welche Wirkung sie haben können, werden wir in 2.3.1 diskutieren.

> Wissenschaftliches Wissen ist nicht neutral.
> Jede Wissenschaft betrachtet die Welt aus einem bestimmten Blickwinkel.
> Jede/r WissenschaftlerIn hat einen Stand-Punkt.

2.3.1 Warum wollen wir wissen?

Können wir überhaupt etwas wissen? Wenn wir feststellen müssen, dass alles Wissen vorläufig ist, kein Wissen Anspruch auf absolute, allgemeine Gültigkeit erheben kann, können wir dann eigentlich behaupten, irgendetwas zu wissen? Wie wir alle wissen (!), hat Sokrates gesagt: „Ich weiß, dass ich nichts weiß."

War dies ein Ausdruck von Bescheidenheit? Verrücktheit? Resignation? Immerhin hat auch Sokrates versucht, die Welt zu verstehen – oder zumindest *seine* Welt zu verstehen. Wenn wir wirklich nichts wissen können, wenn kein Wissen sicher ist, wozu dann die ganze Mühe?

Nun, die Tatsache, dass Wissen nicht permanent und nicht sicher ist, bedeutet nicht, dass es nutzlos ist. Wenn es nutzlos wäre, hätten wir es nicht. Unser kognitiver Apparat – das Gehirn, das Nervensystem, die Sinne, das Bewusstsein – ist so geschaffen, dass wir die Welt, in der wir denken, fühlen und handeln, gut genug kennen lernen können, um darin zu leben. Wir brauchen Wissen, um überleben zu können. Wissen hat auf jeden Fall einen Nutzen.

Dieses Kennenlernen ist eine Form von Wissen. Wie wir bereits in Teil 2.1 gesehen haben, handelt es sich nicht so sehr um Kennenlernen, als um Er-kennen. Wir haben gesagt (siehe 2.2.3), dass alle Lebewesen, also auch wir

Menschen, mit Erwartungen auf die Welt kommen. Diese Erwartungen haben naturgemäß mit der Welt zu tun, denn sie sagen uns, welche Welt uns erwartet. Es handelt sich also um eine Art von bereits vorhandenem Wissen, das uns ein Erkennen (= wieder kennen) der Welt ermöglicht (in der Philosophie spricht man auch von *a-priori*-Wissen, aus dem Lateinischen: von vornherein).

Das Wissen um die Welt, das wir *in* der Welt entwickeln, wird auch Erkenntnis genannt. Es handelt sich tatsächlich um einen Prozess des Erkennens. Grundsätzlich können wir nichts wissen, nichts er-kennen, das unser Erkenntnisapparat nicht wahrnehmen kann.

Können wir denn Atome, Moleküle oder schwarze Löcher wahrnehmen? Woher wissen wir, dass es sie gibt? Eigentlich können wir es nicht wissen, wir können nur vermuten, dass das, was wir Atome, Moleküle oder schwarze Löcher nennen, als *Erklärung* für gewisse Phänomene gelten kann. Es sind die Phänomene, die wir wahrnehmen können und nicht die Erklärung. Wir können z.B. auch nicht den Teufel oder Gott wahrnehmen: Wir erklären aber gewisse Phänomene wie z.B. Bosheit oder zwischenmenschliche Liebe mit diesen Begriffen.

Welchen Nutzen haben denn Begriffe wie *Teufel* oder *Gott*? Sie dienen für manche Menschen als Erklärung für Gefühle, Handlungen, Prozesse, die sie in der Welt wahrnehmen. Diese Erklärungen dienen den Menschen, die sie als solche akzeptieren können, als Orientierungshilfe. Sie helfen ihnen, mit den dadurch erklärten Phänomenen der Welt umzugehen, sie strukturieren ihre Beziehung zu diesen Phänomenen. Viele Menschen wären z.B. ohne die Erklärung, dass Bosheit das Werk des Teufels sei und ohne die Hoffnung, dass Gott dagegen wirken könnte, beängstigt und verunsichert und würden sich angesichts des „Bösen“ hilflos fühlen. Die Erklärungen *Teufel* und *Gott* helfen ihnen, ihre Gefühle und Gedanken angesichts der vielen „bösen Geschehnisse“ in der Welt, zu ordnen und zu verstehen. Und das Gefühl, etwas verstanden zu haben, ist beruhigend und tröstlich.

> Die Wissenschaft versucht, die Welt zu erklären.
> Erklärungen dienen als Orientierungshilfe.
> Wissen muss nicht wahr sein, um nützlich zu sein.

Es geht dabei nicht hauptsächlich darum, ob die Erklärung richtig oder falsch ist, sondern inwiefern sie als *Erklärung* angenommen und akzeptiert werden kann. Wir haben oben bereits festgestellt, dass sehr viel Wissen, das sich später als falsch erwiesen hat, sich trotzdem über Jahrhunderte bewährt hat, d.h.

als Erklärung und Orientierungshilfe für die Menschen gedient hat (z.B. „die Erde ist flach" oder „die Sonne dreht sich um die Erde").

Die Wissenschaft bemüht sich um Wissen, um Erkenntnisse, die *möglichst* wahr sind. „Absolut wahr" gibt es nicht, haben wir gesagt. Was möglich ist und wie es möglich ist, werden wir im Folgenden diskutieren.

2.3.2 Was kann die Wissenschaft wissen?

Grundsätzlich sind der Wissenschaft ähnliche Grenzen gesetzt wie dem Alltagswissen. Da Wissenschaft von Menschen betrieben wird, kann die Wissenschaft nur das wissen – erkennen –, was Menschen möglich ist. Ein Mensch oder auch ein Kollektiv von Menschen, z.B. BotanikerInnen, können die Welt nicht so kennen oder auch erkennen wie z.B. eine Pflanze. Unsere Zellen besitzen nicht die kognitive Fähigkeit, aus Sonnenlicht die Art von Energie zu machen, die dem Wachstum förderlich ist. Wir könnten uns noch so sehr bemühen, es kann uns Menschen nicht gelingen, Photosynthese zu betreiben. Diese Art von Wissen ist der Wissenschaft nicht möglich. Was die Wissenschaft aber versucht zu tun, ist dieses Wissen der Pflanze zu verstehen, es zu erklären und es zu benennen, z.B. *Photosynthese*.

Wie geht das, wenn wir es nicht wahrnehmen, wenn wir den Prozess der Photosynthese nicht sehen, nicht riechen und nicht be-greifen können? Grundsätzlich geht es ähnlich wie mit der Erklärung, die wir *Gott* oder *Teufel* nennen: Wir sehen das Ergebnis eines vermutlichen Prozesses, z.B. das Wachstum der Pflanze, stellen fest, dass dies mit Sonnenlicht zusammenhängt und versuchen, diesen Zusammenhang zu erklären. Die Erklärung ist die Interpretation dessen, was die Pflanze (genauer: ihre kognitiven Strukturen, d.h. Zellen, die Informationen über die Umwelt enthalten) „wissen" muss, um zu wachsen.

Sie werden vielleicht einwenden, wir brauchen keine Wissenschaft, um zu wissen, dass eine Pflanze Sonnenlicht braucht. Das sagt uns ja der Hausverstand, die alltägliche Erfahrung mit Pflanzen. Das stimmt auch. Unsere Alltagserfahrung registriert den Zusammenhang „Pflanze braucht Licht". Was sie uns nicht sagt, ist *warum* die Pflanze Licht braucht, was sie mit dem Licht macht und ob diese Vermutung tatsächlich stimmt. Denn es könnte nur so *aussehen*, als ob Pflanzen Licht brauchen würden, so wie es aussieht, als ob die Erde flach wäre oder der Himmel tatsächlich blau wäre (vom Mond aus gesehen z.B. ist er schwarz).

Die sogenannten wissenschaftlichen Erkenntnisse sind also eigentlich Interpretationen der Erkenntnisse anderer Dinge in der Welt bzw. der Beziehungen zwischen Dingen der Welt. WissenschaftlerInnen handeln in der realen Welt, mit der realen Erfahrung dieser Welt. Auch wenn ihre Erklärungsversuche unrealistisch erscheinen, sind sie immer in der Realität verankert. Die wichtige Frage ist natürlich: In welchem Teil der Realität sind sie verankert? Erklären sie wirklich den Teil der Realität, den sie zu erklären behaupten?

Wichtig ist festzuhalten, dass wissenschaftliche Erkenntnisse Interpretationen der objektiv existierenden Welt sind. Da sie Interpretationen sind, sind sie unsicher, subjektiv und fehlbar. Da sie sich auf die objektiv gegebene Realität beziehen, sind sie aber auf jeden Fall realitätsbezogen. Wissenschaftliches Wissen ist daher sowohl subjektiv als auch objektiv.

> Wissenschaftliche Erkenntnisse sind *Interpretationen* der objektiven Realität und daher subjektiv.
> Wissenschaftliche Erkenntnisse beziehen sich auf die *objektiv vorhandene Realität* und sind daher objektiv.

Was kann die Wissenschaft wissen? Die pessimistische Antwort lautet: Nichts – denn nichts ist sicher.

Die optimistische Antwort hingegen lautet: Die Wissenschaft kann über das Alltagswissen hinausgehen und versuchen, die Welt besser, genauer, präziser zu verstehen und zu erklären, weil das von ihr produzierte Wissen das Ergebnis eines Prozesses der kritischen Reflektion, der gegenseitigen Kontrolle und der Argumentation ist.

> Wissenschaftliches Wissen ist nicht sicher.
> Die Wissenschaft interpretiert Wissen.
> Wissenschaftliche Erkenntnisse sind das Ergebnis eines Prozesses der Analyse, der Reflektion und der Kommunikation.

2.3.3 Woher kommt wissenschaftliches Wissen?

Grundsätzlich können wir sagen, dass wissenschaftliches Wissen ebenso wie Alltagswissen unserer Erfahrung und unserem Denken entstammt. Es wird oft die Frage gestellt, was zuerst kommt: Erfahrung oder Denken. Dies ist wirklich eine Henne-oder-Ei-Frage. Und wie bei dieser scheint es wenig sinnvoll, sich auf eine Entweder-Oder-Position zu versteifen. Die einen glauben, alles käme aus der Erfahrung, genauer: durch die Wahrnehmung unserer Sinne (die sogenannten *Empiristen*). Die anderen meinen, ohne das Denken, ohne unsere *ratio*, können wir nichts sinnvoll wahrnehmen und die Denkfähigkeit müsse der Wahrnehmung vorausgehen (die sogenannten *Rationalisten*).

Wie wir bereits gesehen haben, können wir nicht anders, als die Welt zu erfahren. Die Erfahrung der Realität ist eine Bedingung, ja die Voraussetzung unseres Lebens. Selbstverständlich erfahren wir diese Realität durch unsere Sinne: Wir sehen, hören, riechen, spüren und schmecken die uns umgebende Welt. Wir haben auch wenig Kontrolle über diese Art der Erfahrung. Wir können nicht beschließen, nicht zu sehen, es sei denn, wir machen die Augen bewusst zu. Wir können nicht willentlich nicht hören oder nicht spüren. Auch unser Riechvermögen und unser Geschmackssinn sind einfach da; sie sind vielleicht an manchen Tagen etwas differenzierter als an anderen, aber wir können sie in der Regel nur schwer beeinflussen. Es liegt auf der Hand zu sagen, die Sinne seien das wichtigste Instrument der Erforschung der Welt und daher des Wissens, der Erkenntnis.

Wie sieht es denn aus mit dem Denken? Eigentlich sprechen die Rationalisten nicht vom Denken, sondern von der *ratio,* also unserem Denkvermögen. Es wäre natürlich schwer festzustellen, wann wir zu denken beginnen: Gleich nach der Geburt? Erst mit 6 Monaten? Oder gar erst nach Abschluss der Schule? Das Denk*vermögen* haben wir natürlich alle von Anfang an. Wie kann man dann behaupten, die Information, die durch die Sinne erhalten wird, sei nicht vom Denkvermögen abhängig? Denn um überhaupt etwas aufnehmen zu können, müssten wir doch die entsprechenden Denkstrukturen und Denkkategorien haben – oder nicht?

Die Wahrheit (nach heutiger Sicht!) liegt diesmal nicht in der Mitte, sondern in der Kombination der beiden Positionen. Natürlich können wir nicht denken, ohne einen körperlichen Bezug zur Welt zu haben, über die wir denken. Und genauso klar ist es, dass unsere kognitiven Strukturen, d.h. auch unser Nervensystem und unser Gehirn, so geformt sein müssen, dass sie die Fähigkeit haben, diese Wahrnehmungen sinnvoll zu verarbeiten. Das eine hätte ohne das andere keinen Sinn.

■ Erkenntnisse sind das Ergebnis von Erfahrung und Denken.

Wir haben bereits festgestellt, dass wissenschaftliche Erkenntnisse sich auf eine Realität beziehen, d.h. sie brauchen eine Erfahrung der Realität.

Natürlich geht es in der Wissenschaft (wie wohl auch in anderen Bereichen des Lebens) nicht um die Erfahrung der *gesamten Welt* oder der *gesamten Realität*, sondern um einen Teil oder einen Ausschnitt derselben. So wie jeder Mensch in einem bestimmten Land, in einer bestimmten Stadt, in einer bestimmten Straße wohnt und sich mit den spezifischen Eigenschaften dieser seiner individuellen Um-Welt auseinandersetzt, so beschäftigen sich auch WissenschaftlerInnen mit spezifischen Ausschnitten der Gesamtrealität. Sie untersuchen nicht *die* Welt, sondern z.B. *das Verhalten der Fauna in der Tundra* oder *die Kommunikationsstrategien der Honigbiene* oder *den Gebrauch des Dialekts bei österreichischen Jugendlichen*. Wir sehen, dass die Ausschnitte der Welt, die untersucht werden, sehr spezifisch sind. Dies bedeutet aber nicht, dass die daraus gewonnenen Erkenntnisse keine Relevanz für einen größeren Kontext besitzen könnten oder nicht von allgemeinem Interesse sein werden.

Es gibt einen wichtigen Grund, warum WissenschaftlerInnen nicht „die ganze Welt" untersuchen: Womit würden sie anfangen?

Man muss eben irgendwo beginnen. Auch wenn man vor hat, eine ganze Torte zu essen, muss man mit einem Stück oder einem Bissen beginnen. Der wichtige Unterschied ist, dass man irgendwann die Torte fertiggegessen hat, während es weder einem einzelnen Menschen noch der gesamten Menschheit gelingen wird, die ganze Welt endgültig zu verstehen.

Man beginnt eben mit einem kleinen Stück der Welt, mit einer Dimension, wie z.B. mit Zahlen, wie Pythagoras (siehe Einleitung). Auch dieses kleine Stück, z.B. das Kommunikationsverhalten der Honigbiene, ist sehr komplex. Denn die Honigbiene lebt und kommuniziert nicht in einem Honigbienenvakuum, sondern eben in der realen Welt, die ihr Leben ermöglicht und in der sie auch eine Funktion hat. Das heißt, die Erforschung der Honigbiene „an sich", losgelöst von ihrer Einbettung, ihrer Funktion in ihrer Umwelt, wäre nicht nur sinnlos, sondern gar nicht möglich. Die Biene existiert nicht nur „für sich", sondern in und für die Welt. Der Bezug zum „Rest der Welt" ist also immer gegeben.

Der Forschungsgegenstand *Kommunikationsverhalten der Honigbiene* (wohlgemerkt: nicht die Honigbiene insgesamt, mit all ihren Eigenschaften) wird aus der ihn umgebenden Umwelt von den jeweiligen WissenschaftlerInnen herausgelöst, um eben ein „Stück der Welt" herauszuschneiden, das einigermaßen handhabbar ist.

> Der Forschungsgegenstand einer Wissenschaft ist in die Welt eingebettet, muss aber im Prozess des Erkenntnisgewinns vorübergehend aus der Welt herausgelöst werden.

Um Erkenntnisse zu gewinnen, konzentrieren WissenschaftlerInnen ihren Blick also auf einen bestimmten, von ihnen ausgewählten Punkt der Realität. Diese Fokussierung hilft ihnen, sich mehr damit zu beschäftigen, tiefer in die

Materie einzudringen. Diese sogenannte *Reduktion* des Forschungsblickwinkels ist deswegen nötig, weil der/die Forschende sonst mit einer überwältigenden (tatsächlich nicht zu bewältigenden) Menge von möglicher Information konfrontiert werden würde. In der Forschung geht es nämlich nicht darum, alles Mögliche an Informationen zu sammeln, sondern an *relevante* Informationen zu gelangen. Relevant bedeutet *in einem bestimmten Zusammenhang bedeutsam*. Der/die Forschende muss zwischen relevanter und nicht relevanter Information unterscheiden können. Relevant bedeutet in diesem Fall, Information die ihm/ihr helfen kann, ein bestimmtes Phänomen zu verstehen.

Wenn wir versuchen etwas zu verstehen, stellen wir meistens zuerst Fragen: Warum ist der Himmel blau? Warum ist die Sonnenblume gelb? Wie teilen Bienen einander mit, wo es Honig gibt? Relevante Information ist Information, die uns hilft, diese Fragen zu beantworten. Information, die das nicht tut, ist irrelevant (zumindest vorläufig).

Wenn wir wissen wollen, warum die Arbeitslosigkeit steigt, und der Premierminister uns antwortet, dass er gerne Schokoladekuchen isst, so erhalten wir Information, aber keine relevante, weil sie uns nicht hilft, die gestellte Frage zu beantworten. Die Antwort gibt uns zwar indirekte Information über den Premierminister, die *potenziell* Relevanz besitzen könnte (er weicht unangenehmen Fragen aus und will sich mit diesem heiklen Thema nicht beschäftigen), aber in erster Linie hilft die Antwort uns eher, *den Premierminister* zu verstehen, als *das Phänomen der Arbeitslosigkeit.*

Die wissenschaftliche Fragestellung, z.B. wie verhalten sich Honigbienen? (die den Forschungsgegenstand: *das Verhalten der Honigbiene definiert*), ist also in vieler Hinsicht maßgeblich. Sie hilft uns, relevante Information zu erkennen und dadurch sinnvolles Wissen zu entwickeln, das sich auf den Teil der Realität bezieht, den wir gerade erforschen.

Um den Ausschnitt der Realität, der den Forschungsgegenstand darstellt, aber in seinem realen Kontext, d.h. in dem Zusammenhang der Beziehungen zu all den anderen Teilen seiner Umwelt, zu verstehen, muss nach der Reduktion eine Erweiterung des Blickfeldes, also eine *Amplifikation*, stattfinden.

Der Prozess des Erkenntnisgewinns besteht also aus einem ständigen Hin und Her zwischen Reduktion und Amplifikation. Wichtig ist dabei, den Mittelpunkt des Forschungsinteresses nicht aus den Augen zu verlieren. Wir können diesen Prozess mit dem Zoomen einer Kamera vergleichen: Wenn wir z.B. eine Person fotografieren oder filmen wollen, können wir auf sie zoomen und erhalten ein sehr detailliertes Bild von ihrem Gesicht. Oder wir können sie von weiter weg betrachten und das Bild vergrößern, um den

Hintergrund und das Rundherum auch zu erfassen. Beides gibt uns Aufschluss über die Person.

> Im Prozess des wissenschaftlichen Erkenntnisgewinns wird das Blickfeld ständig verkleinert und vergrößert. Es handelt sich also um einen Prozess der Reduktion und der Amplifikation.

Der Forschungsgegenstand wird nur vorübergehend aus der Realität geschnitten, um dann wieder darin eingebettet zu werden. Es sind weder der Reduktion noch der Amplifikation Grenzen gesetzt. Beide Sichtweisen liefern uns Antworten auf die Frage, die wir stellen, einmal *en détail* und einmal *en gros*. Die Reduktion hilft uns, präzise Fragen zu stellen und daher auch präzise Antworten zu suchen. Sie hilft uns auch, uns auf die Sache zu konzentrieren, in jedem Sinne des Wortes.

Die Amplifikation hingegen ermöglicht den Anschluss an den Rest der Welt. Dieser Anschluss an die Realität dient nicht nur dazu, den Forschungsgegenstand in der Komplexität seiner realen Beziehungen zu verstehen, sondern auch dazu, die Gültigkeit der gewonnenen Erkenntnisse zu prüfen.

Denn jede Anschlussstelle kann ja auch Gegenstand der Forschung sein, kann von unterschiedlichen Disziplinen aus unterschiedlichen Perspektiven beleuchtet werden. Die Übereinstimmung der Erklärung (Erkenntnisse) einer Disziplin über einen Gegenstand mit den Erkenntnissen anderer Disziplinen, die die Anschlussstellen erforschen, erhöht die Wahrscheinlichkeit, dass die gewonnenen Erkenntnisse richtig oder zumindest stimmig sein werden.

> Forschungsgegenstände existieren nicht als vereinzelte, eigenständige Stücke der Welt.
> Forschungsgegenstände sind Teil des Weltkontinuums und sind daher immer potentiell interdisziplinär.

2.3.4 Empirisches und theoretisches Wissen

Ob im Zuge der Reduktion oder der Amplifikation, der wissenschaftliche Blick erfordert eine bestimmte Frage, die nach Antworten sucht.

Eine Fragestellung ist grundsätzlich der Ausdruck einer gewissen Erwartungshaltung. Wenn wir auch nur eine banale Frage stellen wie z.B.: *Wann wollen wir ins Kino gehen?*, so äußern wir eine Reihe von Annahmen: Dass die betreffenden Personen überhaupt ins Kino gehen wollen, dass sie gemeinsam hingehen wollen, dass der Kinobesuch in nicht allzu ferner Zukunft stattfinden wird, dass man sich über einen Film einigen will, dass alle Beteiligten Zeit für den Kinobesuch haben werden usw.

Fragen zu stellen, ohne bestimmte Erwartungen zu haben, ob präziser oder allgemeiner Natur, ist kaum möglich. Dieses Prinzip gilt natürlich auch in der Wissenschaft. Die Frage: Wie sieht das Kommunikationsverhalten der Honigbiene aus? setzt z.B. die Annahme voraus, dass Honigbienen überhaupt miteinander kommunizieren und wohl auch, dass ihr Verhalten für den Menschen auf irgendeine Weise beobachtbar sein wird. Wir sehen also, dass allein das Formulieren einer Frage die Richtung der Beobachtung beeinflusst: Wohin/worauf schaue ich?

> Fragen drücken eine Erwartungshaltung aus.
> Die Erwartung gibt vor, welche Antworten gesucht werden.

Die Art und Weise, wie eine Frage formuliert wird, beeinflusst nicht nur die Suchrichtung, sondern auch das Suchergebnis: Was will ich sehen?

Wir kennen alle die Suchbilder in Kinderbüchern: Es gibt einen Wald mit unterschiedlichen Bäumen, Pflanzen, Tieren, und wir werden aufgefordert, die Häschen im Wald zu entdecken und zu zählen. Ohne die Frage gelesen oder gehört zu haben, sehen wir zunächst die Häschen nicht. Erst wenn man uns fragt: *Wie viele Häschen kannst du finden?* kommen wir auf die Idee, dass es welche gibt, und machen uns gleich auf die Suche. Es kann sein, dass wir vier oder fünf finden, wenn aber die große Schwester uns sagt: *Nein, es sind eigentlich neun,* suchen wir weiter und finden die fehlenden vier Häschen meist auch.

In diesem Fall wird die Erwartung erst durch die Fragestellung geweckt und wir handeln – suchen und finden – auf der Basis unserer Erwartung. Wenn wir die Häschen einmal entdeckt haben, gelingt es uns nicht mehr, das Bild anzusehen, ohne auch gleich darin die Häschen zu sehen. Die Frage, gekoppelt mit der Erwartung, hat unsere Beobachtung gelenkt, geschärft und nachhaltig verändert.

Auch wissenschaftliche Fragen funktionieren so. Wir müssen wissen, was wir suchen und wohin und worauf wir schauen müssen, um dieses Etwas zu finden. Dies setzt voraus, dass wir *erwarten,* dass dieses Etwas (oder zumindest etwas Ähnliches) auch gefunden werden kann. Sonst würden wir ja nicht suchen. Man erhält eigentlich die Antworten, die man erwartet.

Denn die Erwartungen bestimmen nicht nur die Fragestellung, sondern auch die Interpretation dessen, was gefunden wird. Das kennen wir auch aus dem Alltag. Wenn ich davon ausgehe, dass jemand mich gern hat, werde ich auch eine Äußerung wie *Ich hasse dich* als Ausdruck seiner Zuneigung bewerten; ich werde davon ausgehen, dass er einen Witz macht, weil ich eben annehme, dass er mich gern hat. So stark ist die Wirkung der Erwartung.

Die Annahmen, die wissenschaftliche Fragestellungen ausdrücken, beeinflussen sowohl die *Interpretation* als auch die *Bewertung* der erhaltenen Information. Wenn man z.B. davon ausgeht, dass manche Kulturen höher entwickelt sind als andere, wird man nach Indizien suchen, die darauf hinweisen, dass manche unterentwickelt sind und die Artefakte und andere Produkte dieser Kulturen von vorn herein als Ausdruck dieser Minderwertigkeit auffassen. Dies ist ja auch tatsächlich geschehen: Lesekulturen werden oft höher eingestuft als diejenigen, die sich ausschließlich auf eine mündliche Überlieferung ihrer Traditionen verlassen.

Wir haben in 2.2.7 gesehen: Erwartungen, die als Anleitungen für unsere Handlungen dienen, können als Theorien bezeichnet werden. Wir haben weiters festgestellt, dass Handlung ohne Theorie nicht möglich ist. Dies gilt auch für wissenschaftliche Handlungen.

Es wird in der Wissenschaft gern zwischen sogenannter *empirischer* Forschung und *theoretischer* Forschung unterschieden, wobei davon ausgegangen wird, dass die empirische Vorgehensweise sich mit objektiven, greifbaren Tatsachen befasse und auf Theorie verzichten könne.

Wir haben gesehen, dass Informationen nicht als objektive, neutrale Fakten aufgenommen, sondern nur von einem Menschen mit einem bestimmten Standpunkt wahrgenommen werden können. Dieser Standpunkt, die damit verknüpften Erwartungen, Auswertungen und Bewertungen führen dazu, dass Information (Daten) nur in Form einer Interpretation verarbeitet wird. Die Suche nach Information erfolgt also immer auf der Basis irgendeiner Theorie. Wie bereits Charles Darwin gesagt hat: Die Suche nach Information ohne Theorie würde bedeuten, dass man versucht, etwas zu finden, ohne etwas zu suchen. Mit anderen Worten: Wer behauptet, empirische Forschung ohne Theorie zu betreiben, ist sich seiner Theorie nur nicht bewusst. Hart aber wahr.

Wir können nichts finden, ohne *etwas* zu suchen.
Informationen werden nicht als neutrale Daten gesucht.
Wissenschaftliche Daten werden immer interpretiert und bewertet.
Empirische Forschung ist immer theoriegeleitet.

2.3.5 Wissen durch Kommunikation

Die Theorien, die unsere Suche nach Antworten leiten, hängen, wie wir gesagt haben, eng mit unserem disziplinären Standpunkt zusammen. Eine Disziplin wird ja gerade durch die Spezifik ihrer Fragestellung in Bezug auf ein bestimmtes Phänomen gekennzeichnet. Eine einzelne Disziplin kann daher logischerweise nur ganz spezifische Aspekte eines Phänomens erklären und nicht die gesamte Komplexität dieses Phänomens in seinen Beziehungen zur restlichen Realität. Wir haben in festgehalten, dass das erweiterte Blickfeld auf den Forschungsgegenstand, also die Amplifikation, es uns auch ermöglicht, die von anderen Disziplinen untersuchten Aspekte des jeweiligen Phänomens zu orten. Wenn unsere eigenen Forschungsergebnisse mit den Erkenntnissen dieser „Anschlussdisziplinen" kompatibel sind, steigert dies die Wahrscheinlichkeit, dass sie auch gültig sein werden.

Um diese Kompatibilität allerdings überprüfen zu können, müssen WissenschaftlerInnen in der Lage sein, nicht nur die eigenen Erkenntnisse für andere Disziplinen verständlich zu machen, sondern auch die Ergebnisse aus anderen Forschungsrichtungen zu verstehen.

Kommunikation ist notwendig, damit jede/r Forschende die Grenzen des ganz individuellen Blickwinkels zumindest vorläufig verlassen und den Forschungsgegenstand im wörtlichen Sinne „durch die Augen" anderer KollegInnen betrachten kann, seien diese aus der eigenen oder aus anderen Disziplinen. Die Kommunikation, das Teilen und Mitteilen von Erkenntnissen, zwingt uns, diese in einer für andere verständlichen Form zu äußern. Dieser Formulierungszwang allein verlangt, dass wir den Kenntnisstand und die Erwartungen anderer berücksichtigen: Es hat wenig Sinn, etwas zu sagen oder zu schreiben, das nur wir allein verstehen. Diese Berücksichtigung anderer Standpunkte führt zwangsläufig zu einer Kontrolle der Stichhaltigkeit der eigenen Interpretationen und Argumente. Je mehr wir in unserer Kommunikation die Grenzen der eigenen Disziplin überschreiten, umso mehr Sichtweisen und Interpretationen spielen eine Rolle und umso genauer wird die Kontrolle.

> Wissenschaftliche Kommunikation erhöht den Erkenntnisgewinn, weil sie die Berücksichtigung unterschiedlicher Standpunkte und unterschiedlicher Interpretationsmuster erfordert.

Gerade weil jeder Forschungsgegenstand in die Realität eingebettet ist und nicht sinnvoll von dieser Realität losgelöst untersucht werden kann, ist es notwendig, dass WissenschaftlerInnen ihre Forschungsergebnisse auch kommunizieren können. Erfolgreiche interdisziplinäre Kommunikation erhöht den Erkenntnisgewinn, sorgt gleichzeitig für eine strengere Kontrolle der Forschungsergebnisse und erhöht die Chancen, dass wissenschaftliche Aussagen Gültigkeit besitzen werden (mehr zum Thema Wissenschaft und Kommunikation in Teil 4).

2.3.6 Wie ändert sich Wissenschaft?

Wir haben gesagt, dass wissenschaftliche Erkenntnisse nicht ein für alle Mal gültig sind. Sie können falsch sein, aber nicht absolut wahr.

Die provisorische Natur wissenschaftlicher Erkenntnisse bezieht sich aber nicht nur auf ihre Fehlbarkeit, sondern auch auf die Tatsache, dass sie personen- und situationsabhängig sind. Was bedeutet das?

Die Erkenntnis, dass die Sonne in der Mitte unseres Sonnensystems ist, ist permanent und wird wohl von allen geteilt, werden Sie sagen. Ja, wir haben das alle in der Schule gelernt, aber wenn wir ehrlich sind, können die meisten von uns nicht wirklich *etwas damit anfangen*. Diese Information ist als statisches Bit in unserem Kopf gespeichert. Um wirklich etwas damit anfangen zu können, müssen wir einen Bezug dazu haben, d.h. uns sinnvoll darauf beziehen können. Wir müssten z.B. sagen können, welche Relevanz das hat für gewisse Geschehnisse, Handlungen, für andere Ideen oder Theorien. Um wirklich etwas damit anfangen zu können, müssten wir dieses „Wissen" in einen Gedankenprozess einbinden. Erkenntnisse sind also auch dynamisch – sie *wirken* mit und auf etwas. Erkenntnis kann daher als *Prozess* bezeichnet werden. Als solcher ist sie nicht immerwährend und nicht allgegenwärtig.

Der Prozess der Erkenntnis wird dann aktiviert, wenn er gebraucht wird. Das Wissen um die zentrale Stellung der Sonne in unserem Sonnensystem besitzt, wie wir gesehen haben, für unterschiedliche Menschen unterschiedliche Relevanz. Ein Astronom oder eine Physikerin wird z.B. viel mehr damit anfangen können, als Sie und ich. Die Wirkung dieser Erkenntnis hängt also stark von der Person ab, die sie anwendet. Wenn man die Erkenntnis nicht anwenden kann (nichts damit anfangen kann), ist es fraglich, ob es überhaupt zweckmäßig wäre, von Erkenntnis zu sprechen. Dies würde nämlich bedeuten, dass man „die Erkenntnis" so wenig versteht, dass man sie in keinen sinnvollen Gedankenzusammenhang bringen kann.

Aber auch die Physikerin und der Astronom denken nicht *ständig* an das Sonnensystem oder die Relevanz von deren Zusammensetzung (auch WissenschaftlerInnen sind Menschen!). Das heißt, sie „haben" die Erkenntnis, aber diese bleibt passiv, bis sie tatsächlich gebraucht wird. Je nachdem, in welchem gedanklichen Kontext – also in welcher Situation – die Erkenntnis aktiviert ist, wird sie eine andere Wirkung haben, mehr oder weniger Gewicht haben, mehr im Vordergrund stehen oder nur als unausgesprochene Grundvoraussetzung wirken. Mit anderen Worten, Erkenntnisse sind keine versteinerten Gebilde, die unabhängig von einander existieren, sondern Elemente eines dynamischen, sich ändernden Prozesses, die im Bedarfsfall aktiviert werden. Dieses bedarfsmäßige Wirken von Erkenntnissen bezeichnet man als *Kontingenz*. Erkenntnis als Prozess ist zwangsläufig kontingent.

Da Erkenntnis personen- und situationsabhängig ist, bleibt sie für Änderungen offen. Situationen ändern sich, z.B. wissenschaftliche Fragestellungen, der Zeitgeist, politische Verhältnisse. Auch Personen ändern sich, sie sammeln mehr Erfahrung über ihren Forschungsgegenstand und entwickeln mehr Wissen darüber: Sie lernen dazu. Dieser Erfahrungs- und Wissensgewinn bedeutet sehr oft, dass bereits Erkanntes oder Gelerntes noch besser verstanden wird und in komplexere, differenziertere Gedankenprozesse integriert und aktiviert werden kann.

Wir wissen alle, wie es ist, wenn uns etwas, das wir in der Schule gelernt haben und glaubten verstanden zu haben, Jahre später in einem neuen Kontext begegnet. Dann sagen wir: Ah, *jetzt* weiß ich, was das bedeutet! Dieses Erlebnis kann natürlich immer wieder in Bezug auf das gleiche Wissen passieren. Ein Lieblingsbuch versteht und schätzt man mit 25 Jahren ganz anders, als man es mit 15 Jahren verstanden hat, als man es zum ersten Mal entdeckte. Wenn man etwas bereits verstanden hat, wird es aufgrund bereits erfolgter Erfahrung mit dieser Erkenntnis in einem neuen Kontext anders und differenzierter erkannt: Man kann nur auf der Basis dessen lernen, was man schon erkannt hat.

Auch in der Wissenschaft trägt dieses Prinzip zur Vermehrung von Wissen bei. Die Erfahrung, die durch die Beschäftigung mit einem Forschungsgegenstand gewonnen wird, ermöglicht es, Fragen über diesen Gegenstand präziser und genauer zu formulieren und daher auch Antworten zu suchen, die genauer und aufschlussreicher sind als die vorherigen. Die bereits erwähnten Phrasen der Reduktion und Amplifikation spielen in diesem Prozess eine wichtige Rolle. Es ist im Sinne dieses Fort-Schreitens der Erkenntnis, dass man vom Fort-Schritt der Wissenschaft sprechen kann.

> Erkenntnis ist ein Prozess.
> Wenn etwas ein Prozess ist, kann es nicht gleich bleiben.
> Wie schon der griechische Philosoph Heraklit sagte:
> Man kann nicht zweimal in denselben Fluss steigen.

Die Personen- und Situationsabhängigkeit der Erkenntnis wirkt nicht nur in den einzelnen WissenschaftlerInnen, sondern auch auf der Ebene der jeweiligen Disziplin als Gesamtheit. Wir haben bereits gesehen, dass wissenschaftliche Fragestellungen den Zugang einer ganzen Disziplin zu einem Teil der Realität darstellen. Die Frage: *Welche Rolle spielt die Sprache im Leben der Menschen?* drückt einen anderen Blick auf das Phänomen *Mensch* aus als z.B. die Frage: *Wie ist die Beziehung zwischen den unterschiedlichen menschlichen Sprachen?* Die erste Frage fällt in den Bereich der Sprachphilosophie, während die zweite der komparativen Linguistik zugeordnet werden kann. Wir können sagen, dass solche Schlüsselfragen die Disziplin ausmachen, sie sind disziplinkonstituierend.

Diese Schlüsselfragen stecken das disziplinäre Forschungsfeld ab und bestimmen gleichzeitig die Suchstrategien nach relevanter Information. Sie geben auch den Suchpfad für die möglichen Antworten an. Somit konstruieren sie einen gedanklichen und begrifflichen Rahmen, innerhalb dessen die Forschenden einer Disziplin sich bewegen. Ein Forschungsfeld, das durch die Frage: *Warum ist die Erde flach?* vorgegeben wird, wird selbstverständlich andere Theorien entwickeln und zu andern Ergebnissen kommen als eines, dass feststellen will, *ob* die Erde flach ist.

Eine Fragestellung ist, wie bereits festgestellt, mit den möglichen relevanten Antworten eng verknüpft. Die Frage: *Wie wirkt sich Musik auf Menschen aus?* kann und wird von mehreren Disziplinen behandelt: Musikwissenschaft, Philosophie, Kunstgeschichte, Neurologie etc. Es ist wohl klar, dass ein Musikwissenschaftler nach anderen Antworten suchen wird, als eine Neurologin. Ersterer wird sich vermutlich mehr mit der Produktion der Tonhöhen im Zusammenwirken von Mensch und Instrument befassen und letztere mit deren Verarbeitung im menschlichen Nervensystem. Die möglichen Antworten bewirken also eine implizite Präzisierung der Frage. Frage und Antwort stehen in einer dynamischen Wechselbeziehung und definieren gemeinsam das disziplinäre Profil.

Der begriffliche Rahmen, innerhalb dessen Forschung betrieben wird, wird nach Thomas Kuhn *Paradigma* genannt.

Paradigmen stellen den wissenschaftlichen Zugang zu einem bestimmten Teil der Realität dar (sie sind allerdings nicht nur auf die Wissenschaft beschränkt, aber dies zu diskutieren wäre Stoff eines anderen Buches). Sie sind das Resultat einer grundlegenden wissenschaftlichen Fragestellung. Fragen, wie wir gesehen haben, entwickeln sich abhängig von den Personen, die sie stellen, und auch von den Situationen, in denen sie gestellt werden. Wissenschaftliche Gemeinschaften, wie z.B. Disziplinen, bestehen aus Personen und handeln in einem spezifischen, soziopolitischen, zeitgeistigen Kontext.

Es liegt also auf der Hand, dass disziplinäre Fragestellungen sich auch ändern. So wie andere Arten von Fragen, können sich paradigmatische Fragen *mehr* oder *weniger* ändern.

Bis zum Anfang des 19. Jahrhunderts wurde die Frage nach dem Alter der Erde zwar aus unterschiedlichen Blickwinkeln gestellt, aber die Auswirkungen der Fragen und deren Antworten unterschieden sich nicht wesentlich: Man kam im Großen und Ganzen zu ähnlichen Schlüssen bezüglich der Entstehung der Erde, der Artenvielfalt und des Menschen. Erst die Vermutung, dass die Erde wesentlich älter sein könnte, also mehrere Millionen Jahre alt, führte zu einer gänzlich neuen Interpretation der vorliegenden Daten, mit fundamentalen Auswirkungen in sehr vielen Disziplinen. Das bekannteste Ergebnis dieser gedanklichen „Revolution" ist wohl die von Charles Darwin entwickelte Evolutionstheorie.

Eine solche grundlegende Änderung in einer wissenschaftlichen Fragestellung wird oft als *Paradigmenwechsel* bezeichnet. Ein Paradigmenwechsel kann innerhalb einer Disziplin stattfinden, wie z.B. die Ablösung der Newtonschen Physik durch die Relativitätstheorie, oder kann, wie im Falle des Erdalters, mehrere Disziplinen erfassen.

> Das Wissen der Wissenschaft ist bewusst, kritisch argumentierbar, überprüfbar, kontingent, kommunizierbar, dynamisch, unabgeschlossen und änderbar.

Wissenschaftliche Disziplinen interpretieren einen Teil der Realität aus einem bestimmten Blickwinkel und aus einem bestimmten Interesse heraus. Ihr Zugang zum jeweiligen Realitätsausschnitt sowie ihre Interpretation davon und Kommunikation darüber, hängt also maßgeblich davon ab, was sie *damit tun will*.

Wir haben oben festgestellt, dass eine Gemeinschaft von Menschen, die auf der Basis eines gemeinsamen Erklärungsmusters ihre Umwelt interpretiert, als *Kulturgemeinschaft* bezeichnet werden kann. Die WissenschaftlerInnen einer Disziplin interpretieren ihren Forschungsgegenstand auch weitgehend nach einem gemeinsamen Erklärungsmuster. Sie verwenden auch eine eigene Sprache, um darüber zu kommunizieren – eine Sprache, die meist für Außenstehende nicht verständlich ist. Mit anderen Worten, wie die bereits bekannten Wissenschaftstheoretiker Karl Popper und Thomas Kuhn feststellten, eine wissenschaftliche Disziplin weist wesentliche Eigenschaften einer Kulturgemeinschaft auf. Und wie diese beiden Wissenschaftler auch erkannt haben, brauchen sie einen Prozess der Translation, um sich über disziplinäre Grenzen hinweg zu verständigen.

Diese „eigene Sprache", die eine spezifische Sicht auf die Realität, eine spezifische Interpretation davon und einen eigenen Bezug auf diese wahrgenommene Realität ausdrückt, wird auch als *Diskurs* bezeichnet. Wir werden uns in Teil 3 näher mit dem Begriff Diskurs beschäftigen.

Kommunikation zwischen Kultur- und Sprachgemeinschaften erfolgt mittels Translation. Das wissen wir. Wir können jetzt feststellen, dass Translation auch gebraucht wird, um die Kommunikation zwischen SprecherInnen unterschiedlicher Diskurse zu ermöglichen. Aber mehr dazu in Teil 3 und Teil 4, wo wir auch sehen werden, dass Kommunikation zwischen Disziplinen und der sogenannten Öffentlichkeit auch nur mittels Translation erfolgreich stattfinden kann.

> Wissenschaftliche Disziplinen sind Kulturgemeinschaften:
> Jede Disziplin hat einen eigenen Zugang zu und eine eigene Interpretation von der für sie relevanten Realität.
> Jede Disziplin spricht daher anders über die Realität – sie hat ihren eigenen Diskurs – und jede braucht einen Akt der Translation, um über diese spezifische Interpretation mit anderen Menschen zu kommunizieren.

2.4 Wozu eigentlich Wissenschaft?

Wir haben gesagt, dass alle Menschen die Welt in adäquatem Maße kennen und erkennen müssen, um überleben zu können. Das Potenzial dazu ist angeboren. Wir können also gar nicht anders. Wir haben ferner gesagt, dass auch falsches Wissen nützlich sein und uns als wertvolle Orientierungshilfe dienen kann. Klarerweise sind auch Nicht-WissenschaftlerInnen in der Lage, Falsches zu wissen. Der sogenannte Hausverstand oder das Alltagswissen ist nicht nur etwas, das wir einfach „haben", ohne uns allzu sehr zu bemühen, sondern hat auch gleichzeitig einen unübersehbaren Nutzen: Es liefert uns Wissen, das *richtig genug ist*, um vorläufig als Entscheidungsbasis für unsere Handlungen fungieren zu können.

Die Wissenschaft auf der anderen Seite, die ja auch Wissen schafft, ist ein eher mühsames Unterfangen. Sie erfordert viel Zeit, Energie, harte Arbeit und grundsätzlich viel mehr Aufwand als das Alltagswissen, das sich einfach ergibt. Warum tun wir uns das an?

Die einfache Antwort lautet: Um die Welt noch besser zu kennen und zu erkennen, um sie genauer zu verstehen und präziser zu erklären. Die dadurch erzielte tiefere Erkenntnis kann uns auch die Möglichkeit verschaffen, mit bestimmten Aspekten der Welt bewusst umzugehen, sie zu nutzen und zu kontrollieren – die sogenannte angewandte Forschung/Wissenschaft. Ob das menschliche Eingreifen immer von Vorteil ist, sei dahingestellt.

Wir brauchen die Wissenschaft, um die Welt noch besser zu verstehen, als es mit dem Alltagswissen möglich ist.

Auch wir Menschen sind Teil dieser Welt. Die Wissenschaft kann uns helfen, uns selbst besser zu verstehen, zu wissen, was wir tun und warum wir es tun. Sie kann unser implizites Wissen explizit machen, unsere sogenannte Intuition erklären und somit kontrollierbar machen, unsere unbewussten Kompetenzen und Fähigkeiten identifizieren, analysieren und benennen. Mit anderen Worten: Ohne die Wissenschaft wären wir viel weniger in der Lage, unsere Handlungen zu hinterfragen, zu steuern und zu erklären.

Die Wissenschaft erklärt, was etwas ist und warum es so ist.
Die Wissenschaft erklärt auch, was wir tun und wie wir es tun.

Die Funktion der Wissenschaft besteht also in erster Linie in der Erklärung und im Verstehen. Sie ist nicht primär dazu da, der Honigbiene kommunikative Handlungsweisen zu geben oder den von ihr untersuchten Gegenstand zu verbessern.

Allerdings: Wenn eine Handlung schon verstanden oder erklärt worden ist, ist es sehr wohl möglich, sie zu verbessern. Gesangsunterricht ist nur möglich, weil jemand vorher verstanden hat, was eine Sängerin tut, um bestimmte Töne hervorzubringen, wie sie es tut und mit welcher Wirkung. Diese Verbesserung ist aber ein Nebenprodukt des wissenschaftlichen Erkenntnisgewinns und nicht dessen Hauptziel.

Es sind die Erkenntnisse über Zusammenhänge und Funktionsweisen, die in die Lehre oder in die angewandte Forschung einfließen. Das Endziel der Wissenschaft besteht nicht darin, das Singen oder die Sonnenstrahlung zu verbessern, sondern darin, diese Dinge zu verstehen. Das heißt, die Frage zu beantworten: Wie kommt es dazu? Erst dann kann man Gesangsunterricht erteilen, Sonnenenergiesysteme bauen oder Hautcremes mit UV-Filtern herstellen. Da aber das absolute Verstehen nie erreicht wird – man kann nicht etwas 100%ig und endgültig verstehen – hat die Wissenschaft eigentlich gar kein Endziel: Das Verstehen als Prozess hört nicht auf.

Der Erklärungsbedarf der Wissenschaft entsteht nicht nur aufgrund der oben besprochenen Notwendigkeit für gegenseitige Kontrolle in den unterschiedlichen Disziplinen, sondern auch aus gesellschaftspolitischen Gründen.

Wissenschaftliche Forschung wird weitgehend von der Öffentlichkeit finanziert. Und diese Öffentlichkeit hat ein Recht darauf, zu erfahren, was die Wissenschaft tut und auch warum sie es tut. Die Kommunizierbarkeit wissenschaftlichen Handelns und wissenschaftlicher Ergebnisse ist eine unverzichtbare Komponente des wissenschaftlichen Erfolgs. Wer nicht kommunizieren kann, wird nicht verstanden. Wer nicht verstanden wird, kann nicht erklären, was er/sie tut und warum. Und wer nicht erklären kann, bekommt keine Anerkennung, keine Unterstützung – und wahrscheinlich auch kein Geld.

2.5 Zusammenfassung und Schlussfolgerungen

Wir können an dieser Stelle auf Fragen vorläufig verzichten und folgende Feststellungen anführen:

- **Wissenschaft ist** der Versuch, die Welt besser zu verstehen. Sie versucht Wissen zu schaffen, das sicherer ist als Alltagswissen.
- Die Wissenschaft ändert sich, je nachdem, was untersucht wird: Das Gestein der Alpen erfordert andere Forschungsmethoden als die menschliche Psyche. Der Prozess des Wissen-Schaffens ist offen, dynamisch und bewusst.
- Wissenschaft ist geformt durch die Kultur und durch die Zeit, in der sie stattfindet. Sie ist auch von den Werten der Menschen geprägt, die Wissenschaft betreiben.
- **Wissenschaft ist nicht** die Quelle absoluter, immer-gültiger Wahrheit.
- Sie ist nicht dazu da, uns Handlungsanweisungen zu geben.
- Wissenschaft entwickelt sich nicht in einem Prozess des ununterbrochenen Fortschritts.
- Sie wächst nicht durch das Anhäufen von Erkenntnissen.
- Sie ist nicht unfehlbar, nicht objektiv und nicht wertfrei.
- **Was Wissenschaft tut**:
  Die Dinge der Welt bewusst betrachten.
  Sie hinterfragt das Offensichtliche und identifiziert verborgene Zusammenhänge.
  Sie analysiert die Dinge in ihren Einzelteilen und erklärt, wie die Dinge zusammenwirken.

- **Wie die Wissenschaft versucht**, Wissen zu schaffen:
  Sie betrachtet die Dinge aus einer kritischen Distanz, um sie klarer sehen zu können.
  Die Wissenschaft stellt Fragen, die sich nicht mit einer Antwort begnügen. Das wissenschaftliche Fragestellen hört nie auf: Jede Antwort eröffnet eine neue Fragestellung.
  Die Wissenschaft schafft Wissen durch Kommunikation – um Erkenntnisse auszutauschen, zu kontrollieren und zu erklären.
- **Was die Wissenschaft braucht**, um Wissen zu schaffen, ist Offenheit für eine neue Sicht der Dinge, für das Herstellen neuer Zusammenhänge.
  Diese Offenheit erfordert Mut, um sich auf neue, unbekannte Erkenntnisgebiete zu wagen, um als sicher geltendes Wissen in Frage zu stellen, um kühne und kreative Thesen aufzustellen und neue Wege zu gehen.
  Die Wissenschaft braucht Kommunikation, um sich selbst zu erklären und zu kontrollieren.
- **Die Relevanz** dieser Feststellungen für das **Leben**, das **Studium** und den **Beruf** besteht in der Entscheidung für oder gegen eine wissenschaftliche Haltung. Wollen wir
  - verstehen, was wir tun und dadurch unsere Handlungen steuern, kontrollieren und erklären können?
  - nach dem Trichter-Prinzip lernen, uns Daten passiv eintrichtern lassen und Informationen bloß anhäufen? Oder nach dem Suchscheinwerfer-Prinzip aktiv nach Erkenntnis suchen, Fragen stellen, unseren Erkenntnisprozess bewusst gestalten?
  - einen Erkenntnisprozess in die Wege leiten, der nicht aufhört, sich durch Studium und Beruf fortsetzt und dynamisch und flexibel ist?
  - erkennen können, welche Kompetenzen wir „intuitiv“ oder unbewusst besitzen, diese benennen und für andere verständlich machen?
  - uns Wissen wirklich aneignen, zu eigen machen – oder nur das Wissen anderer annehmen, ohne es zu hinterfragen oder zu verstehen?

Auch die Entscheidung für oder gegen eine wissenschaftliche Haltung ist keine absolute, endgültige, nie zu ändernde. Auch die Haltung zur Wissenschaftlichkeit kann sich ändern; kann ein Mal mehr, ein Mal weniger sein; kann sich entwickeln, sich erweitern, sich vertiefen. Wichtig ist nur, dass man weiß, dass die betreffende Entscheidung zu treffen ist, wofür oder wogegen man sich entscheidet und auch, was diese Entscheidung bewirken wird.

Erkenntnis ändert sich mit dem Erfahrungsstand,
aber gleichzeitig gilt:
Erkenntnis kann man nicht rückgängig machen.

Quellen und weiterführende Literatur

Arnold, Markus / Dressel, Gert (Hg.). 2004. *Wissenschaftskulturen – Experimentalkulturen – Gelehrtenkulturen.* Wien: Turia und Kant.

Batlogg, Aurelia Maria. 2007. *Ich, wir und die anderen. Wissenschaftskommunikation als Translationsprozess.* Unveröffentlichte Diplomarbeit am Zentrum für Translationswissenschaft der Universität Wien.

Chalmers, Alan F. 1994. *Wege der Wissenschaft: Einführung in die Wissenschaftstheorie.* 3. Auflage. Berlin: Springer.

Darwin, Charles Robert. 2000. *Die Entstehung der Arten durch natürliche Zuchtwahl.* Köln: Parkland. (1859).

Feyerabend, Paul K. 1980. *Erkenntnis für freie Menschen.* Frankfurt am Main: Suhrkamp.

Feyerabend, Paul K. 1992. *Über Erkenntnis. Zwei Dialoge.* Frankfurt/New York: Campus.

Feyerabend, Paul. 1984. *Wissenschaft als Kunst.* Frankfurt am Main: Suhrkamp.

Fischer, Roland/Costazza Markus/Pellert Ada (Hg.). 1993. *Argumentation und Entscheidung. Zur Idee und Organisation von Wissenschaft.* München/Wien: Profil.

Glaserfeld, Ernst von. 1992. *Konstruktion der Wirklichkeit und des Begriffs der Objektivität.* In: Gumin, Heinz & Meier, Heinrich (Hg.). *Einführung in den Konstruktivismus.* München / Zürich: Piper, 9-39.

Harding, Sandra G. 1998. *Is Science Multicultural? Postcolonialisms, Feminisms, and Epistemologies.* Bloomington / Indianapolis: Indiana University Press.

Holzkamp, Klaus. 1968. *Wissenschaft als Handlung. Versuch einer neuen Grundlegung der Wissenschaftslehre.* Berlin: Walter de Gruyter.

Kaiser-Cooke, Michèle. 2000. *Theory in practice: translation as trans-disciplinary action.* In: Kadric, Mira / Kaindl, Klaus / Pöchhacker, Franz (Hg.). Translationswissenschaft. Festschrift für Mary Snell-Hornby zum 60. Geburtstag. Tübingen: Stauffenburg, 67-79.

Kaiser-Cooke, Michèle. 2003. *Translation, Evolution und Cyberspace. Eine Synthese von Theorie, Praxis und Lehre.* Frankfurt am Main: Peter Lang.

Kant, Immanuel. 1787. *Kritik der reinen Vernunft.* Frankfurt am Main: Suhrkamp (1974).

Kuhn, Thomas. 1976. *Die Struktur wissenschaftlicher Revolution* (übersetzt von Hermann Vetter). Frankfurt am Main: Suhrkamp.

Locke, John. 1997. *Essay über den menschlichen Verstand.* Hg. von Udo Thiel. Berlin: Akademie-Verlag. (1690).

Popper, Karl Raimund. 1984. *Objektive Erkenntnis: ein evolutionärer Entwurf.* 4. Aufl. nach e. Übers. von Hermann Vetter. Hamburg: Hoffmann & Campe.

Vollmer, Gerhard. 1988. *Was können wir wissen? Band I: Die Natur der Erkenntnis.* Stuttgart/ Leipzig: S. Hirzel.

Schrödinger, Erwin. 1946. *Was ist Leben? Die lebende Zelle mit den Augen des Physikers betrachtet.* Bern: A. Franck.

Ströker, Elisabeth. 1973/1987. *Einführung in die Wissenschaftstheorie.* 3. Auflage. Darmstadt: Wissenschaftliche Buchgesellschaft.

Theimer, Walter. 1985. *Was ist Wissenschaft? Praktische Wissenschaftslehre.* Tübingen: Francke.

3 Translation

Translation, vom lat. *transferre,* bedeutet laut Wörterbuch: hinüber-setzen oder hinüber-tragen. Dies stimmt aber nicht wirklich. Denn hinüber-setzen oder transferieren klingt, als ob im Akt der Translation ein bestimmtes Etwas von einem Ort zu einem anderen gebracht würde. Es werden aber weder Inhalte, noch Wörter von A nach B transferiert. Im Prozess der Translation wird etwas *geändert*. In diesem Kapitel werden wir diskutieren, was geändert wird und wie diese Änderung zustande kommt.

Wir werden auch sehen, dass der Begriff Translation weitaus mehr umfasst, als das Über-setzen von Wörtern aus einer Sprache in eine andere, z.B. aus dem Deutschen ins Kroatische. Wie wir feststellen werden, ist Translation ein wesentlicher Bestandteil sowohl der Alltagskommunikation als auch der Wissenschaftskommunikation.

3.1 Was ist Translation?

Translation ist die Erklärung dessen, was jemand meint. Das klingt wunderbar einfach, birgt aber wie alle einfachen Feststellungen einen ziemlich komplexen Sachverhalt. Wie immer ergeben sich aus dieser Feststellung neue Fragen: *Was bedeutet erklären?* und *Was bedeutet meinen?*

Behandeln wir die zweite Frage zuerst. Dies können wir am einfachsten verstehen, indem wir uns überlegen, was es bedeutet, wenn wir sagen: Das habe ich nicht gemeint. Wir sagen oder denken das, wenn wir den Eindruck haben, dass jemand nicht von der gleichen Sache spricht wie wir. Nehmen wir als Beispiel folgenden Dialog:

A: Kannst du Rad fahren?
B: Ja, schon.
A: Super, dann machen wir doch eine Radtour durch Italien.
B: Ob ich das schaffe, weiß ich nicht.
A: Aber du hast doch gesagt, du kannst Rad fahren.
B: Ja, aber so gut auch wieder nicht.
A: Aha, du kannst also nicht ernsthaft Rad fahren.

Was ist hier passiert? Person A versteht unter *Rad fahren können*, sehr fit sein, Ausdauer haben und viel mit dem Rad unterwegs sein. Person B hingegen versteht lediglich darunter: sich auf einem Rad fortbewegen. Jede/r spricht zwar von der „gleichen" Handlung, bezieht sich aber auf ganz unterschiedliche Formen und Aspekte davon. Sie denken beide an den gleichen Teil der Realität: „Mensch auf Fahrrad", haben aber jeweils eine andere Erfahrung damit und gewichten diese Realität auf unterschiedliche Weise. Jede/r *meint* etwas anderes, weil jeder eine andere Beziehung zu dieser Realität hat. Jede Person be-zieht also etwas anderes aus dieser Realität.

A ist enttäuscht, weil sie mit der Frage: *Kannst du Rad fahren?* ihren eigenen Bezug zum Radfahren ausgedrückt und angenommen hat, dass Person B den gleichen Bezug haben würde. Person B auf der anderen Seite fühlt sich wahrscheinlich überfordert, weil sie davon ausgegangen ist, dass Person A ihren Bezug zum Radfahren teilt. Das Missverständnis wird bald evident und geklärt, indem Person A ihr Verständnis von Rad fahren (ernsthaft Rad fahren) explizit macht. Sie macht verständlich, was sie meint. Meinen bedeutet also, sich auf eine bestimmte Weise auf einen bestimmten Teil der Realität beziehen.

Demzufolge bedeutet erklären, dieses „Sich-auf-die-Realität-Beziehen" (den Realitätsbezug) explizit zu machen und den eigenen Realitätsbezug in den Erfahrungshorizont einer anderen Person zu bringen.

■ Translation bedeutet: erklären, was gemeint wird.

3.1.1 Translation ist Verstehen

Wir können nur erklären, was wir selber verstanden haben. Auch wenn wir erklären wollen, was wir selber meinen, müssen wir erst verstehen, was wir sagen wollen. Das klingt sehr leicht, aber es gelingt uns nicht immer. Sehr oft fällt es uns sehr schwer zu präzisieren, was wir eigentlich sagen wollen. Wir müssen manchmal sehr konzentriert nachdenken, um auch unsere „einfachsten" Gedanken so genau zu verstehen, dass wir sie erklären können. Wenn wir nicht genau wissen, was wir meinen, klappt die Erklärung nicht.

Wir erklären auch nur dann, wenn wir feststellen, dass es einen Erklärungsbedarf gibt. Mit anderen Worten: Wir liefern Erklärungen nur, wenn wir erkennen, dass jemand anderer uns nicht verstanden hat oder nicht verstehen kann. Manchmal sagen unsere GesprächspartnerInnen, dass sie uns nicht verstanden haben. Manchmal wird es im Laufe eines Gesprächs klar, dass wir missverstanden worden sind. Und manchmal gehen wir einfach davon aus, dass unsere KommunikationspartnerInnen uns nicht verstehen können, z.B. wenn wir mit einem kleinen Kind sprechen oder mit jemanden, der etwas Neues von uns lernen will.

Wir werden in allen drei Fällen nicht verstanden, weil unsere KommunikationspartnerInnen sich anders auf die Realität beziehen als wir. Sie haben entweder eine andere Beziehung zu dem „Thema" der Kommunikation – oder gar keine. Wenn z.B. von Einkommenssteuer die Rede ist, werden nicht alle erwachsenen Menschen die gleiche Beziehung dazu haben: Manche werden Steuern als ein gerechtes Mittel zur Umverteilung des Reichtums in der Gesellschaft betrachten, während für andere Steuern ein lästiges, vom Staat erzwungenes Übel darstellen. Ein Kind wird andererseits wahrscheinlich in der glücklichen Lage sein, gar keine Beziehung zu diesem Begriff zu haben.

Das bedeutet: Um erklären zu können, müssen wir nicht nur verstehen, was *wir* meinen, sondern auch verstehen, was der/die andere meint, d.h. wie er/sie sich auf eine bestimmte Realität bezieht.

> Translation setzt Verstehen voraus.

3.1.2 Translation ist Erklären

Um etwas zu erklären, müssen wir also einen Vergleich anstellen: Wir vergleichen unsere Sicht der Dinge mit der Art und Weise, wie unsere KommunikationspartnerInnen (d.h. die Zielpersonen unserer Erklärung) die Realität wahrnehmen. Wir versuchen also, die Dinge „durch ihre Augen" zu sehen. Erst dann können wir abschätzen, was sie wissen und somit verstehen können. Einem Kind den Begriff „Einkommenssteuer" zu erklären erfordert, dass wir uns fragen, was es über die Gesellschaft, über Geld, über die Arbeit etc. wissen könnte. Wir brauchen diese Information, um das Neue an etwas anzuknüpfen, das ihm bereits bekannt ist. Wie wir bereits in Teil 2 gesehen haben, kann jemand nur auf der Basis dessen verstehen, was er/sie schon kennt.

Translation zu betreiben bedeutet, gleichzeitig zu verstehen und zu erklären.

Wenn wir Translation betreiben, vergleichen wir unterschiedliche Erfahrungswerte und Realitätsbezüge. Wir drücken einen Diskurs mit den Mitteln eines anderen Diskurses aus.

> Translation bedeutet: unterschiedliche Erfahrungswerte und Realitätsbezüge zu vergleichen, das Gemeinsame zu identifizieren und das Gemeinte in den Erfahrungshorizont der Zielperson zu bringen.
> Translation führt also zwei Diskurse zusammen.

3.2 Translation im Alltag

Translation ist etwas, das wir alle können und mehrmals am Tag tun: Wir erklären, was wir selber meinen, und auch, was andere meinen oder sagen wollen. Wir tun das, indem wir genau den Prozess ablaufen lassen, den wir oben gerade beschrieben haben: Wir verstehen, was gemeint wird, was der/die andere verstehen kann, und erklären, indem wir an das bereits vorhandene Wissen des/der anderen anknüpfen.

Wenn z.B. eine Ärztin ihrem Patienten erklärt, welche Krankheit er hat, welche Medikamente er nehmen soll und wie diese wirken, so versetzt sie sich in seine Lage. Sie versucht, die Welt aus seiner Sicht zu sehen und zu verstehen. Würde sie ihm die körperlichen Funktionen und deren Zusammenwirken mit den Medikamenten aus ihrer Sicht kommunizieren – wollte sie also ihren fachspezifischen Diskurs mit ihm sprechen – würde er wahrscheinlich nichts verstehen. Eine gute Ärztin weiß (meist implizit), dass ihr Wissensvorsprung ihr einen anderen Zugang zur Realität eröffnet als einem nicht medizinisch gebildeten Menschen. Damit der Patient an ihrem Wissen Anteil haben kann, muss sie die Dinge aus seiner Perspektive betrachten und an seinen Wissensstand anknüpfen. Sie muss ihr Wissen in seiner „Sprache", also in seinem Diskurs ausdrücken. Mit anderen Worten, sie übersetzt. Sie betreibt Translation.

Wir betreiben alle Translation: Translation geschieht jedes Mal, wenn wir in der Kommunikation mit anderen einen Perspektivenwechsel vornehmen.

Jedes Mal, wenn wir versuchen zu präzisieren, was gemeint ist, und uns genauer auszudrücken, damit unsere GesprächspartnerInnen uns verstehen, bemühen wir uns um einen Perspektivenwechsel. Das heißt, wir suchen nach Möglichkeiten, was wir meinen so zu formulieren, dass es an die Erfahrung unserer GesprächspartnerInnen anknüpfen kann.

> Translation erfordert immer einen Perspektivenwechsel.
> Wir alle sind in der Lage, diesen Perspektivenwechsel zu vollziehen.

Betrachten wir folgende Situation: Eine etwa 50-jährige Professorin und eine ca. 20-jährige Studentin fahren gemeinsam im Lift. Die Professorin trägt einen neuen Hut und ist in Gedanken ganz bei ihrer nächsten Vorlesung. Die Studentin sagt: „Voll geiler Hut." Die Professorin erwartet nicht, dass die Studentin Konversation machen will und ist nicht darauf eingestellt, etwas von ihr zu hören. Sie blickt etwas geistesabwesend auf und sagt: „Wie bitte?" Daraufhin sagt die Studentin: „Sie haben einen wunderschönen Hut." Die Professorin freut sich, beide lächeln einander an und treten dann gemeinsam aus dem Lift.

Was ist hier passiert? Die Studentin hat in ihrer Spontanität eine sehr jugendliche Ausdrucksweise verwendet. Als sie die Reaktion der Professorin wahrnimmt, glaubt sie, diese hätte sie nicht verstanden, weil ihre Ausdrucksweise der Professorin nicht geläufig sei, ihr also fremd sei. Die Studentin nimmt blitzschnell den Standpunkt der Professorin ein, um sich vorzustellen, wie diese die Erfahrung *„Hut gefällt mir"* interpretieren und kommunizieren würde. Sie vergleicht „automatisch" ihren Zugang zu dieser Erfahrung mit dem der Professorin und knüpft dort an, wo beide zusammenkommen. Sie drückt ihre Erfahrung im Diskurs der Professorin aus. Sie hat erfolgreich verständlich gemacht, was sie meint, weil sie Translation betrieben hat.

3.2.1 Translation ist transkulturelle Kommunikation

Im vorherigen Beispiel hat die Studentin für die Professorin übersetzt, weil sie angenommen hat, dass sie die Jugendsprache nicht kennt. Sie ist davon ausgegangen, weil die Jugendsprache eben die Sprache der Jugend ist. Menschen ab einem gewissen Alter verwenden diese Sprache (meist!) nicht. Sie sprechen nicht wie die jüngere Generation, weil sie nicht dazugehören. Junge Menschen haben meistens andere Interessen, andere Sorgen, einen anderen Umgang mit und Zugang zu der Welt, als diejenigen, die 20 oder 30 Jahre älter sind. Diese Unterschiede drücken sich nicht nur in ihrem Verhalten, sondern auch in ihrer Sprache aus. Die Gruppe von Menschen, die man Jugend nennt, hat ihre eigene Art, sich auf die Welt zu beziehen. Und die Jugendsprache ist ein Ausdruck davon. Man kann also sagen, dass diese Gruppe ihre eigene Kultur hat, und tatsächlich spricht man auch von der Jugendkultur.

Die Jugendkultur und die Jugendsprache (eigentlich der Jugenddiskurs), die sie ausdrückt, sind natürlich in einen größeren kulturellen und sprachlichen Kontext eingebettet. Es gibt in Österreich, in Rumänien, in Südafrika, praktisch überall eine Jugendkultur, die sich von der „größeren" Kultur des jeweiligen Landes unterscheidet aber auch ein Teil davon ist.

Die Jugend ist natürlich nicht die einzige gesellschaftliche Gruppe, die einen spezifischen Umgang mit der Welt hat. Jede Gesellschaft, jede Kultur besteht aus mehreren Gruppierungen von Menschen, die gemeinsame Interessen und einen gemeinsamen Umgang mit der Welt teilen: Mütter z.B. haben einen anderen Blick auf die Welt als Nicht-Mütter, WissenschaftlerInnen sehen die Dinge anders als Nicht-WissenschaftlerInnen, und bekanntlich sehen auch Männer und Frauen die Welt aus unterschiedlichen Perspektiven. Alle diese Gruppen können als Kulturen innerhalb der Kultur bezeichnet werden.

Ein Mensch kann natürlich gleichzeitig unterschiedlichen Gruppen (Kulturen) innerhalb einer Kulturgemeinschaft gehören, z.B. Mutter und Wissenschaftlerin und Malerin sein. Die unterschiedlichen Gruppierungen sind auch nicht unbedingt auf eine Kultur beschränkt. Mütter aus unterschiedlichen Nationalkulturen oder BiologInnen aus verschiedenen Nationalkulturen haben z.B. auch einen gemeinsamen Zugang zur Realität.

Jede dieser Gruppen, dieser Kulturen, hat ihren eigenen, spezifischen Zugang zur Welt und verwendet auch spezifische Wörter, um darüber zu sprechen. Oder sie verwenden die gleichen Wörter mit unterschiedlicher Bedeutung. Ein Mensch kann also nicht nur unterschiedlichen Kulturgemeinschaften angehören, er/sie kann auch dementsprechend über mehrere Diskurse verfügen.

Nehmen wir z.B. das Wort *Arbeit*. Viele Menschen sagen, Mütter, die zu Hause bleiben, arbeiten nicht. Mütter hingegen würden behaupten, sie täten nichts anderes als arbeiten. Der Ausdruck *Arbeit* bedeutet für Mütter etwas anderes als für Nicht-Mütter. In unserer marktwirtschaftlich orientierten Kultur wird *Arbeit* meist in der Bedeutung „erwerbstätig sein" und „Geld verdienen" verwendet. Für eine Mutter, die Kinder erzieht und den Haushalt führt, bedeutet *Arbeit* physischen, emotionalen und geistigen Einsatz. Sie begreift die Realität anders; sie hat einen anderen Begriff von Arbeit.

Wenn die Mitglieder einer dieser „Kulturen-in-der-Kultur" mit einer anderen Kultur kommunizieren und auch von dieser verstanden werden wollen, müssen sie erklären, was sie meinen. Mit anderen Worten, sie müssen Translation betreiben. Translation findet nicht nur zwischen „Sprachen" statt. Sie findet vor allem zwischen Diskursen statt. Translation wird immer gebraucht, wenn Kulturen, d.h. Menschen mit einem spezifischen Zugang zur Realität, einander verstehen wollen.

■ Translation ist transkulturelle Kommunikation.

3.2.2 Warum ist Translation möglich?

In der Sprachphilosophie wird manchmal die Meinung vertreten, Translation im konventionellen, engeren Sinne der Übersetzung zwischen zwei Sprachen sei nicht möglich. Sie sei deswegen unmöglich, weil jede Kultur, jede Sprache die Realität anders interpretiert. Da jede Realitätsinterpretation anders ist, haben sie nicht alle den gleichen Aussagewert. Es wird behauptet, man könne nur Dinge übersetzen, die genau dieselbe Bedeutung haben. Das Wort *Hund* z.B. sei nur dann als Übersetzung des englischen Wortes *dog* zu bezeichnen, wenn sowohl *Hund* als auch *dog* denselben Stellenwert im Sprachsystem und dieselbe Wirkung auf die Menschen, die das Wort hören oder lesen hätten. Anders gesagt, sie müssten gleichwertig sein. In der Philosophie sagt man, Sprachen müssten *kommensurabel* sein (den gleichen Wert haben, äquivalent sein), um in einander übersetzbar zu sein. Da dies aber nicht der Fall ist (jede Sprache stellt eine andere Interpretation dar), sei Translation nicht möglich, heißt es.

Diejenigen, die von Gleichwertigkeit oder Äquivalenz sprechen, gehen davon aus, dass der gesamte Bedeutungsumfang eines Wortes oder einer Äußerung übersetzt werden müsse. Wir werden in diesem Kapitel sehen, dass es weder möglich noch notwendig ist, alles zu übersetzen.

Es wird nämlich in keinem Kommunikationsakt das gesamte Bedeutungspotenzial eines Wortes aktiviert: je nach dem, in welchem Kontext ein Wort verwendet wird, gewinnt es eine andere Bedeutung. Das Wort *Brot* z.B. bedeutet in der Phrase *das tägliche Brot* etwas anderes, als im Satz *Ich hätte gern ein Schinkenbrot*. In jeder dieser zwei Äußerungen werden unterschiedliche Bedeutungskomponenten des Begriffs *Brot* hervorgehoben.

> Man kann nicht alles übersetzen.
> Man muss nicht alles übersetzen.
> Es wird nur das übersetzt, was für das Kommunikationsziel wichtig und relevant ist.

Die sogenannte Unmöglichkeit der Translation ist nur gegeben, wenn man Translation als die Herstellung von absoluter Gleichwertigkeit definiert. Dies hat aber wenig mit der Wirklichkeit der menschlichen Kommunikation zu tun. Außerdem wissen wir, dass es sehr wohl möglich ist, einander zu verstehen, auch wenn wir unterschiedliche Sprachen sprechen. Also müssen wir von der Tatsache der Translation ausgehen und nach einer Erklärung suchen, warum sie möglich ist.

Translation ist möglich, weil wir alle in der realen Welt leben, weil wir uns alle auf die Realität beziehen können. Wie wir in Teil 2 gesehen haben, sind wir alle aufgrund unseres angeborenen Wissens in der Lage, alles in der Welt wahrzunehmen, das von Menschen wahrgenommen werden kann. Gleichgültig, ob wir als Neugeborene in der Wüste, in der Tundra oder an der Mittelmeerküste auf die Welt kommen. Wir besitzen von Natur aus die kognitive

Fähigkeit, diese Welt zu erkennen und auf sinnvolle Weise einen sinnvollen Bezug dazu herzustellen.

Was hat denn das alles mit Translation zu tun? Ohne diese angeborene Flexibilität des Realitätsbezugs wäre Translation gar nicht möglich. Denn ohne sie könnten wir uns nicht in die Erfahrungslage eines anderen Menschen versetzen, könnten wir unseren Blick auf die Realität nicht ändern und daher auch keinen Perspektivenwechsel herbeiführen.

Dabei ist es nicht notwendig, den eigenen Standpunkt zu verlassen. Wenn wir, wie z.B. im obigen Beispiel mit der Studentin und dem Hut, uns in den Erfahrungshorizont eines anderen Menschen versetzen, steigen wir klarerweise nicht gänzlich aus dem eigenen. Das können wir gar nicht, und müssen es auch nicht. Ganz im Gegenteil: wir dürfen gar nicht unseren eigenen Standpunkt verlassen. Der Vergleich zwischen den unterschiedlichen Realitätszugängen findet nämlich auch innerhalb unseres Horizonts statt. Wenn wir diesen wirklich verließen (was gar nicht geht), wären wir nicht in der Lage, unsere eigenen Erfahrungswerte mit denen der anderen Person zu vergleichen.

Um die Dinge aus einer anderen Perspektive zu sehen, brauchen wir lediglich etwas Distanz zu unserer eigenen Sichtweise. Wir müssen uns dessen bewusst werden, dass andere die Welt anders sehen könnten, und uns vorstellen können, wie unsere Interpretation der Dinge für sie aussehen könnte. Durch diese kritische Distanz geben wir keine Sichtweise auf, sondern eignen uns eine neue, zusätzliche an.

Was wird denn im Translationsprozess geändert? Und wie wird es geändert?

Im Translationsprozess werden nicht bloß Wörter ausgewechselt. In der und durch die Translation wird eine Sicht auf die Realität geändert. Ein/e KommunikationspartnerIn sieht die Dinge „durch die Augen" eines/einer anderen. So kann er/sie das eigene Gemeinte für den/die andere/n verständlich machen.

Diese neue Sicht der Dinge wird in einem bereits bekannten Rahmen präsentiert, mit bekannten Wörtern in einer bekannten Sprache. So wird das Neue vertraut gemacht.

3.3 Professionelle Translation

Die Translation, die wir im Alltag betreiben, erfolgt mehr oder weniger „automatisch". Manchmal müssen wir uns ein bisschen anstrengen, um die Dinge aus der Sicht eines anderen zu sehen, manchmal fällt es uns sehr leicht. Die

Tatsache, dass wir alle auf irgendeine Weise TranslatorInnen sind und dass der Alltag ohne Translation kommunikativ kaum zu bewältigen wäre, bedeutet aber nicht, dass wir auf die Leistung professioneller TranslatorInnen verzichten können.

Im Gegenteil: Das Vorhandensein von Translation als Alltagsphänomen und von der Translationsfähigkeit als Teil der menschlichen Grundausstattung macht es klar, warum es einen Bedarf an professioneller TranslatorInnen geben muss.

Die Alltagstranslation *passiert*. Das heißt, unsere Translationsfähigkeit schaltet sich ein, wenn die Kommunikationssituation sie erforderlich macht. Auch wenn sie sich nicht immer mit der gleichen Leichtigkeit einschaltet, handelt es sich hierbei um einen weitgehend unbewussten Prozess, der sich des impliziten Wissens bedient. Dieser Translationsprozess ist keine gezielte, reflektierte Tätigkeit. Die Leute wissen buchstäblich nicht, was sie dabei kommunikativ tun – oder *wie* sie es tun.

Manchmal kommt es vor, dass Menschen die Translationsarbeit nicht selber erbringen können, z.B. wenn sie keine Möglichkeit haben, an den Erkenntnis- und Erfahrungsstand der KommunikationspartnerInnen anzuknüpfen, wenn sie keinen Zugriff auf andere Erfahrungswerte haben oder wenn die GesprächspartnerInnen zwar Erfahrungen und Erkenntnisse weitgehend teilen, sich aber einer anderen Ausdrucksform bedienen, um diese zu kommunizieren. In allen drei Fällen geht es darum, dass die KommunikationspartnerInnen im weitesten Sinne des Wortes unterschiedliche Sprachen sprechen und jemanden brauchen, der beide Sprachen spricht, das heißt beide Realitätsbezüge miteinander verknüpfen kann. Sie brauchen jemanden, der professionelle Translation betreiben kann.

> Menschen brauchen professionelle Translation, weil sie nicht immer selber alles verständlich machen können, was andere verstehen sollen.

3.3.1 Translation als Tätigkeit von ExpertInnen

Was ist denn der Unterschied zwischen professioneller Translation und Alltagstranslation? Der wichtigste Unterschied besteht darin, dass professionelle TranslatorInnen sich ihrer Translationsfähigkeit bewusst sind, dass sie zielorientiert und kontrolliert Translation betreiben. Sie wissen, warum die Translation notwendig ist, was damit bezweckt wird und wie sie zu einer

Translation kommen, die für die Kommunikationssituation passend ist. Und sie wissen vor allem, *dass sie Translation betreiben*.

> Professionelle TranslatorInnen – im Gegensatz zu AlltagstranslatorInnen – wissen, was sie tun. Vor allem aber wissen sie, *dass sie es tun*.

Die professionelle Tätigkeit der Translation erfordert also ein *bewusstes* Zusammenführen zweier Zugänge zu einem Realitätsausschnitt. Nur diesmal macht das eine dritte Person, jemand der im Auftrag der „eigentlichen" KommunikationspartnerInnen arbeitet. Der/die TranslatorIn macht zum Beispiel einen Text von Person 1 für Person 2 verständlich, weil die Personen 1 und 2 miteinander kommunizieren wollen. Der/die TranslatorIn ist also nicht die Hauptzielperson der Kommunikation.

3.3.2 Translation, Intuition und Wissenschaft

Die Fähigkeit, Translation zu betreiben ist, wie bereits mehrmals erwähnt, eine allgemein menschliche. So wie alle Menschen aufgrund ihres Menschseins grundsätzlich die Fähigkeit zum Schwimmen besitzen, so können alle potenziell die Dinge aus der Sicht anderer Menschen verstehen und ihnen das Verstandene erklären. Dieses Wissen bleibt aber, wie oben gesagt, meist implizit und unbewusst. Auch wenn manche diese Verstehens- und Erklärungsarbeit besser leisten können als andere, bleibt es im besten Fall bei einer unreflektierten, intuitiven Handlung.

Diese Art von Intuition kann in sehr vielen Fällen zum Erfolg führen. Aber manchmal lässt sie uns im Stich. Als Basis für eine professionelle Tätigkeit, mit der wir Geld verdienen wollen und auf die sich andere Menschen verlassen, ist diese Form von Intuition nicht ausreichend.

Heißt das, dass Intuition im Kontext der professionellen Translation keinen Platz hat? Nein. Es heißt nur, dass wir eine andere Form von Intuition brauchen: eine fachlich fundierte Intuition, die analysiert und hinterfragt und daher als bewusstes, explizites Wissen zugänglich gemacht werden kann.

Intuition entwickelt sich grundsätzlich aus unserer Erfahrung. Wir lernen aus der Erfahrung, dass es bestimmte Regelmäßigkeiten in der Welt gibt. Dieses Lernen erfolgt aber meist unbewusst (siehe 2.2.5). Wir können meist nicht erklären, warum wir gewisse Schlüsse ziehen oder Entscheidungen treffen, und sprechen in solchen Fällen von einem „Bauchgefühl". Und es handelt sich in der Tat um ein „Bauchgefühl" – etwas, das wir körperlich spüren und nicht rationalisieren können.

TranslatorInnen sind auch Menschen und verlassen sich bei problematischen Situationen auch auf ihr sogenanntes Bauchgefühl. So lange aber dieses Gefühl nur im Bauch steckt, bleibt es unzugänglich, unsystematisch und daher grundsätzlich sehr anfällig für Fehler.

Es ist eine Funktion der Wissenschaft, dieses Gefühl aus dem Bauch zu holen und auf die Ebene der Ratio zu bringen. Dies geschieht dadurch, dass WissenschaftlerInnen Regelmäßigkeiten feststellen in der Art und Weise, wie translatorische Probleme erkannt und auch gelöst werden. Diese Erkenntnisse werden dann als sprachlich formulierte Theorien weiter gegeben.

Natürlich entwickelt sich auch die fachlich fundierte Intuition aus der Erfahrung. Sie ist aber viel verlässlicher als die Alltagsintuition, weil ihre Entstehung und ihre Ergebnisse zurückverfolgt werden können. Fachliche Intuition wirkt gleich schnell und gleich spontan wie die nicht-fachliche und ist auch das Produkt vieler gleichzeitiger Erkenntnisse. Das Wesentliche an der Fachintuition ist, dass sie Zusammenhänge zwischen diesen schnell aktivierten Erkenntnissen sehen kann. Dies macht es auch möglich, zu kontrollieren, ob die Intuition tatsächlich verlässlich ist. Nur wenn wir wissen, woher diese Art von Wissen kommt, können wir es als eine ernstzunehmende Basis für unsere Entscheidungen verwenden.

Die Wissenschaft sagt TranslatorInnen also nicht, was sie im Translationsprozess tun oder denken sollen; sie versucht ihnen nur zu sagen, was sie tatsächlich tun und denken. Ein Biologe, der erklärt, wie ein Tausendfüßler es fertig bringt, die vielen Beine zu koordinieren, denkt gar nicht daran ihm vorzuschreiben, wie er gehen soll. Er sagt nur, dass er es tut. Auf ähnliche Weise formuliert die Wissenschaft die „Regeln" in den Problemerkennungs- und Lösungsprozessen von TranslatorInnen.

Der Unterschied zwischen Tausendfüßlern und TranslatorInnen besteht unter anderem darin, dass sich TranslatorInnen durch Explizitmachen ihres impliziten Wissens ihrer Fähigkeiten bewusst werden. Im Gegensatz zum Tausendfüßler können sie erkennen, was sie tun, wenn dies einmal erklärt und ausgedrückt worden ist. Und während der Tausendfüßler, wäre er sich der Komplexität seines Handelns bewusst, wahrscheinlich aus lauter Angst vor der eigenen Courage zum Stillstand käme, gewinnen TranslatorInnen durch die Bewusstmachung ihrer fachlichen Intuitionen einen neuen, selbstbewussteren Zugang zu ihrem Handeln.

Die wissenschaftliche Erklärung der translatorischen Fachintuition hilft nicht nur, translatorische Entscheidungen transparenter und daher auch nachvollziehbar zu machen. TranslatorInnen brauchen ein Bewusstsein und ein Wissen über ihr eigenes Tun (Metawissen), um ihre Fähigkeiten als Produkt auf dem Arbeitsmarkt überzeugend verkaufen zu können. Niemand bezahlt uns für ein Bauchgefühl. Auch potenzielle ArbeitgeberInnen wollen wissen, was wir tun und tun können (siehe 4.1.1).

3.4 Was TranslatorInnen können

Die Ausbildung für den Beruf als professionelle/r TranslatorIn besteht darin zu lernen, wie man sich in unterschiedliche Erfahrungshorizonte begeben und die Welt aus unterschiedlichen Perspektiven betrachten kann.

Die Fähigkeit, zielgerichtet und bewusst mit diesem angeborenen Wissen umzugehen, eröffnet eine Vielzahl von Betätigungsfeldern für ausgebildete TranslatorInnen. Im Global Communication Age ist Englisch zwar die *lingua franca* geworden, aber das bedeutet nicht, dass alle Menschen einander deshalb problemlos verstehen.

Wie wir gesehen haben, entstehen Kommunikationsprobleme nicht nur und nicht hauptsächlich zwischen den SprecherInnen unterschiedlicher Nationalsprachen. Verstehensschwierigkeiten ergeben sich immer dann, wenn die KommunikationspartnerInnen sich nicht auf ähnliche Weise auf den Kommunikationsgegenstand beziehen – wenn sie die Dinge anders sehen.

Das Zitat aus Luhmanns Buch *Liebe als Passion*, das wir in der Einleitung gelesen haben, wurde für ein Publikum geschrieben, das mit dem wissenschaftlichen Diskurs Luhmanns vertraut war. Dieser Inhalt könnte für andere Zielgruppen, die nicht zu Luhmanns ursprünglich intendierten Publikum gehören, z.B. wie folgt lauten:

> Jede Art von Kommunikation braucht ein Kommunikationsmedium. Auch die Liebe ist eine Form von Kommunikation und wird durch ein Kommunikationsmedium ausgedrückt. Liebe ist gleichzeitig etwas Persönliches und etwas allgemein Gesellschaftliches. Sie findet im Individuum statt, das in einer Gesellschaft lebt und sein Verhalten und seine Gefühle prägt und beeinflusst. Die persönliche Erfahrung kann nur im Kontext der sozialen Erfahrung gemacht werden. Was aber kam zuerst: das Persönliche oder das Gesellschaftliche?

Oder:

> Können wir lieben, ohne zu wissen, wie wir lieben sollen?

Oder:

Liebe:
Was ist sie?
Woher kommt sie?
Warum gibt's sie?

Ein weiteres Beispiel: Wenn ein/e FlugbegleiterIn und ein/e ÜbersetzerIn von sich behaupten: *Ich kann gut Französisch,* so meinen sie nicht dasselbe. Eine Sprache *gut zu können* ist immer relativ zum Zweck; jede/r sieht den Begriff *gut* aus einem anderen Blickwinkel – aus dem, der für das eigene Leben oder Handeln relevant ist.

Das bedeutet also: Auch wenn Menschen aus dem gleichen Land und mit der gleichen Muttersprache miteinander kommunizieren, kommt es oft zu Kommunikationsproblemen. Sie verwenden zwar die „gleichen" Wörter, meinen aber etwas anderes.

Dasselbe gilt für die „globale" Sprache Englisch. Menschen auf der ganzen Welt verwenden diese Sprache, um ihr Wissen, ihre Interessen, ihre Sicht der Dinge auszudrücken. Sie wollen ihren Zugang zur Welt, ihre Lebenserfahrung, zum Gegenstand der Kommunikation machen – und sie tun das auch. Englisch ist schon lange nicht mehr nur die Sprache Großbritanniens oder der USA. Englisch ist tatsächlich *global* geworden: multikulturell, multinational und multifunktional.

Und natürlich kommt es in diesem multikulturellen Englisch, das so viele Weltauffassungen ausdrücken soll, zu Missverständnissen und unterschiedlichen Ansichten darüber, was *gemeint* ist. Allein eine scheinbar einfache Phrase wie *Very nice* z.B. kann für kommunikative Probleme sorgen. InderInnen, deren erste Sprache Urdu ist, verwenden diesen Ausdruck als Höflichkeitsformel, um zu signalisieren, dass der/die GesprächspartnerIn gehört worden ist und weiterreden soll, also ungefähr wie das deutsche *Mmh, verstehe*. EngländerInnen, auf der anderen Seite, hören daraus einen herablassenden Ton, der oft verwendet wird, um das Verhalten von Kindern zu loben. In einem Gespräch zwischen EngländerInnen und InderInnen, die angeblich „dieselbe Sprache" sprechen, ist es der Kulturunterschied, der sich für beide Seiten sprachlich ausdrückt, der das Kommunikationsproblem verursacht. Dieses Problem wirkt sich natürlich auch auf der Beziehungsebene der Kommunikation aus und kann nur gelöst werden, indem erklärt wird, was beide „Seiten" *meinen,* wie die Äußerung von beiden *gesehen* und *verstanden* wird – also nur durch einen bewussten Akt der Translation.

Sprachliche Ähnlichkeit oder Gleichheit bedeutet nicht, dass man sich versteht. Um wissen zu können, was andere meinen, müssen wir die Welt durch ihre Augen sehen und die Wörter in ihrem Sinn interpretieren.

Wie es der irische Schriftsteller George Bernard Shaw einmal formuliert hat: Wir werden oft durch eine gemeinsame Sprache getrennt.

> Professionelle TranslatorInnen haben gelernt, bewusst eine kritische Distanz einzunehmen, die Welt aus unterschiedlichen Perspektiven zu sehen, diese miteinander zu vergleichen und das Gemeinsame sprachlich zu formulieren.

3.4.1 Das Know-how von TranslatorInnen

Aus der obigen Diskussion über den Translationsprozess kann man folgende Erkenntnis ableiten: Menschen, die gelernt haben, ihre Translationsfähigkeit bewusst einzusetzen, haben auch lernen müssen, viele andere Dinge zu tun:

- Sie identifizieren Probleme in der Kommunikation, erkennen, wann Missverständnisse entstehen, und wissen, welche Aussagen und Handlungen zu Kommunikationsproblemen führen könnten.
- Sie haben gelernt, hinter den Worten einer Äußerung das Gemeinte zu suchen und das zu verstehen, was die Menschen sagen *wollen*.
- TranslatorInnen wissen, dass die Wörter, die Menschen verwenden, der Ausdruck einer bestimmten Haltung zur Welt sind. Jede Kultur und jede Sprache sowie jede Gruppierung innerhalb dieser Kulturen drückt sich entsprechend der eigenen Erfahrung mit der Welt aus.
- TranslatorInnen können die kulturspezifischen Werte und Erfahrungsmuster, die in jeder sprachlichen Äußerung implizit sind, für sich und für andere explizit machen.
- Sie erkennen, wann sie selber etwas nicht genug verstehen, um es „durch die Augen" eines anderen Menschen sehen zu können. Sie wissen, was sie tun müssen, um diese Verständnislücken zu schließen.
- Sie können auf einen Sachverhalt gleichzeitig „durch die Augen" unterschiedlicher Menschen mit unterschiedlichen Erfahrungen und Interpretationen der Welt blicken.
- Sie können die Erfahrungswerte unterschiedlichster Gruppen von Menschen in den unterschiedlichsten Kommunikationssituationen analysieren und mit einander vergleichen.
- Sie wissen, wie unterschiedliche Erfahrungen „derselben" Sache sprachlich zusammengebracht werden können.

- Sie können Menschen vermitteln, wie andere die Welt sehen.
- Sie können für andere Menschen bewusste, gezielte, verständliche Kommunikation betreiben.
- Sie können die Kommunikation zwischen Diskursen und über Kulturgrenzen hinweg für andere Menschen ermöglichen.
- Sie sind sich ihrer gesellschaftlichen Verantwortung als KommunikationsexpertInnen bewusst und können auch die ethischen Folgen ihrer Handlung abschätzen.

Die oben genannten Fähigkeiten können wir mit zwei kurzen Beispielen illustrieren:

Folgender Textteil entstammt einem Lexikon über Österreich und sollte für das Internet ins Englische übersetzt werden. Die Zielgruppe der Übersetzung besteht also aus Menschen aus vielen verschiedenen Ländern und Kulturkreisen, die zwar alle durch das Medium des Englischen erreicht werden sollen, aber aufgrund ihrer kulturellen Prägung verschiedene Diskurse sprechen und verstehen. Wir sehen, dass auch wenn anscheinend zwischen zwei Nationalsprachen übersetzt wird, es sich eigentlich um Verständigung zwischen Diskursen handelt. (Auch das österreichische Deutsch unterscheidet sich ja vom Deutsch „der Deutschen", der Norddeutschen, der Ostdeutschen etc.)

> Fund, das Entdecken und Ansichnehmen einer verlorenen (d.h. einer beweglichen in jemandes Eigentum, aber niemandes Gewahrsam stehenden) Sache. Den Finder treffen – vom Wert der gefundenen Sache abhängige – Meldepflichten.

Es gilt, den Text so zu übersetzen, dass die Internet-User ihn nicht nur verstehen, sondern ihn auch unter einem entsprechenden Suchwort finden. Nun, das österreichische Gesetz betrachtet die "Tatsache" eines verlorengegangenen und wieder gefundenen Objekts aus einem anderen Blickwinkel als "das Englische". Die österreichische Perspektive fokussiert auf das Finden, daher der Begriff *Fund*. Im Englischen dagegen betrachtet man die Sache anders herum, thematisiert das Verlieren des Objekts und bezeichnet den Sachverhalt als *lost property* (verlorenes Eigentum). Internet-User, die Englisch verwenden, würden nicht auf die Idee kommen, nach einem Begriff wie *found property* zu suchen. Es soll jedoch das österreichische Gesetz verständlich gemacht werden; wir wollen also die österreichische Erfahrung und Interpretation des Sachverhalts mit den Mitteln eines möglichst allgemein verständlichen englischen Diskurses ausdrücken.

Eine mögliche Lösung wäre z.B.

Lost Property, Finding of: the discovery and taking of a lost (i.e. moveable) object which is someone's property, but is not in that person's possession.

So hat die Zielgruppe einen bekannten Begriff, nach dem gesucht wird, der aber gleichzeitig an den österreichischen Begriff anknüpft und so beide Perspektiven zusammenführt. Auf diese Weise wird die neue, österreichische Interpretation des Sachverhalts durch das bekannte Medium in das vertraute Interpretationsmuster eingeführt.

Eine andere Art translatorischen Problems stellt folgender Textteil dar:

Die Künstlerin emigrierte 1938 nach England.

Diese Zeile aus der Biographie einer österreichischen Malerin steckt voller kulturspezifischen Wissens, das für Menschen, die keine professionelle Translationsausbildung haben, meist implizit bleibt. Das Wort *emigrierte* ist nur im Zusammenhang mit dem Datum *1938* zu verstehen. Dieses Datum aktiviert das Wissen, dass in diesem Jahr der Anschluss Österreichs an Hitler-Deutschland erfolgte. Dementsprechend bedeutet *emigrierte* nicht einfach das freiwillige Verlassen des Landes, um sich wo anders anzusiedeln, sondern das Fliehen, um sich vor dem Tod zu retten.

Eine Übersetzung, die diese kollektive kulturelle Erfahrung nicht berücksichtigt könnte z.B. lauten:

The artist emigrated to England in 1938.

Dies wäre „sprachlich" korrekt, würde aber die politische und emotionale Dimension des deutschen Textes völlig außer Acht lassen, denn wir können nicht davon ausgehen, dass Englisch-lesende Menschen das Jahr 1938 in dem entsprechend historischen Kontext verstehen würden.

Eine Formulierung wie z.B.

She fled to England in 1938 after Hitler's annexation of Austria.

würde den politischen Kontext explizit machen und so auch das Verständnis dieses Textes aus österreichischer Sicht. Sie würde aber auch die Einstellung perpetuieren, dass Österreich das passive Opfer der Nazionalsozialisten war – was ja auch der offiziellen Version der österreichischen Geschichte entspricht.

Wollten wir auch diesen Aspekt ändern und den offiziellen Diskurs in Frage stellen, müssten wir uns für eine Formulierung entscheiden wie z.B.

She fled to England in 1938 when Austria became part of the Third Reich.

Dies würde offen lassen, ob Österreich dabei eine passive oder aktive Rolle gespielt hat.

Wir sehen also, dass auch das Übersetzen „zwischen Sprachen" auch Entscheidungen für oder gegen bestimmte Diskurse erfordert. Die politische, ethische Dimension der translatorischen Kompetenz spielt dabei immer eine Rolle.

TranslatorInnen besitzen also folgende Kompetenzen:

- Wissenschaftlich fundierte Flexibilität – um den Anforderungen des Global Communication Age durch adäquates und kreatives Know-how gerecht zu werden.
- Die Fähigkeit, komplexe Kommunikationsvorgänge zu analysieren.
- Kenntnisse der kulturellen Unterschiede und des daraus entstehenden kommunikativen Verhaltens.
- Die Fähigkeit, Texte für unterschiedliche Informationsbedürfnisse und für unterschiedliche Medien zu erstellen.
- Kenntnis der sozio-politischen Gegebenheiten der Länder, Sprachen und Kulturen ihrer KommunikationspartnerInnen.
- Hochentwickelte mündliche und schriftliche Kommunikationskompetenzen in den Sprachen, die Gegenstand ihrer professionellen Ausbildung waren.

3.4.2 Wo wird Translation gebraucht?

In welchen Bereichen der Gesellschaft werden solche Fähigkeiten und Kompetenzen gebraucht?

Wo eigentlich nicht?

Translationskompetenz wird überall gebraucht, wo Kommunikation nicht unwichtig ist. Öffentlichkeitsarbeit – Public Relations – ist für alle von Bedeutung, die im Beruf mit anderen Menschen zu tun haben.

Die Öffentlichkeit hat aber noch nicht erkennen können, welche Kompetenzen TranslatorInnen besitzen. Die meisten Menschen glauben noch immer, sie brauchen Translationsdienstleistungen nur, wenn sie Texte von einer Nationalsprache in eine andere übertragen lassen wollen. Es besteht noch kein öffentliches Bewusstsein für das Produkt *Translations-Know-how*, weil noch wenig bis kein Marketing dafür betrieben worden ist.

Das translatorische Know-how braucht, wie jedes andere Produkt, das auf dem Markt reüssieren will, gezielte Marketingstrategien: Das Produkt muss definiert werden, der Bedarf dafür muss den KonsumentInnen überzeugend präsentiert werden und der Vorteil gegenüber anderen ähnlichen Produkten muss leicht erkennbar sein.

Das Produkt haben wir bereits in 3.4.1 definiert.

Der Bedarf ist bei allen Menschen in allen Arbeitsbereichen gegeben, die das Gelingen ihrer beruflichen Beziehungen nicht dem Zufall des intuitiven Kommunikationsverhaltens überlassen wollen. Sie brauchen das Produkt Translations-Know-how immer dann, wenn sie die Kommunikation gezielt lenken und das Risiko der misslungenen Kommunikation minimieren wollen.

Translations-Know-how ist also ein Produkt, das alle brauchen, die ihr eigenes Image und ihre KommunikationspartnerInnen ernst nehmen.

Gezielte Kommunikation wird natürlich auch von Werbefachleuten und der PR-Branche angeboten. Der Unterschied zwischen diesen Produkten und dem Translations-Know-how besteht darin, dass TranslatorInnen nicht nur überzeugende Texte produzieren können. Sie können auch neue Ideen und Sichtweisen in den Erfahrungshorizont ihrer Zielgruppen integrieren. Sie machen eine bisher fremde Sicht der Dinge durch einen vertrauten Blickwinkel und in einer bekannten Sprache nachvollziehbar. Dadurch wird die neue Botschaft wirklich verstanden und so in die Denkprozesse der KommunikationspartnerInnen assimiliert.

Das Kommunizierte wird so zum Teil des eigenen Wissens gemacht und wird nicht einfach als eine flüchtige, fremde Äußerung rezipiert, die außerhalb der eigenen Erfahrungswelt bleibt.

Translation wird nicht nur von multinationalen Unternehmen gebraucht, die mit Personal, KundInnen und GeschäftspartnerInnenn aus vielen verschiedenen Kulturen professionell, konsequent und zielbewusst kommunizieren wollen. Die Einsatzmöglichkeiten des Translations-Know-hows sind fast unbegrenzt: in der Politik, der Verwaltung, im sozialen Bereich (sog. Integrationsbemühungen etc.), in der Wissenschaft (siehe Teil 4) und allen Fachgebieten, deren PraktikerInnen ihr fachliches Know-how für ihre Klientele verständlich machen wollen, um nur ein paar Beispiele zu nennen.

3.5 Zusammenfassung und Schlussfolgerungen

Translation ist das Verständlichmachen von Inhalten für unterschiedliche Zielgruppen und unterschiedliche Kommunikationszwecke.

- Sie ist ein Kommunikationsprozess, in dem der Bezug von zwei oder mehreren Menschen zur Realität und deren Interpretation zusammengebracht werden.

- Translation ist ein mentaler Akt, der die Interpretation eines Realitätsbezuges mit den Mitteln einer anderen Interpretation verständlich macht.
- Translation ist möglich, weil jeder Mensch die Fähigkeit besitzt, die Welt „durch die Augen" eines anderen zu sehen.
- Translation ist ein wesentlicher Bestandteil der Alltagskommunikation und der Wissenschaftskommunikation.
- Translation ist eine allgemeinmenschliche Tätigkeit, die sowohl intuitiv, unbewusst und unkontrolliert als auch bewusst, professionell und gezielt praktiziert wird.

Translation ist nicht der bloße Austausch von Wörtern.

- Sie ist keine intuitive, geheime Kunst und kann daher gelernt und verbessert werden.
- Translation ist nicht auf die Kommunikation zwischen Sprachen beschränkt, sondern findet auch innerhalb einer Sprache statt.

Translation macht es möglich, die Welt oder einen Teil davon aus unterschiedlichen Perspektiven zu verstehen.

Translation erfolgt durch einen Perspektivenwechsel auf die Realität.

- Dieser geschieht durch Vergleich und Analyse der beteiligten Realitätsinterpretationen.
- Die Ausgangsinterpretation wird mit den Mitteln der Zielsprache neu gestaltet und so in das Interpretationsmuster der Zielkultur integriert.

Was wir brauchen, um Translation bewusst zu betreiben:

- Erkenntnisse über die Komplexität des Translationsprozesses.
- Die Fähigkeit, unterschiedliche Erfahrungshorizonte zu vergleichen, indem die Dinge aus unterschiedlichen Perspektiven betrachtet werden.
- Das Wissen, wie unterschiedliche Kulturen sich auf die Realität / die Welt beziehen.
- Das Wissen, wie dieser Realitätsbezug sprachlich formuliert wird.
- Den Mut zur Kreativität, um neue Erfahrungen und neue Interpretationen der Realität in neuer sprachlicher Form auszudrücken.

Relevanz für das Leben, das Studium, den Beruf: Das Wissen, was Translation ist und wie sie erfolgt, macht es uns möglich,

- das Phänomen Translation als Teil der alltäglichen Kommunikation zu erkennen;
- zu beobachten, wie wir selber in Alltagssituationen Translation betreiben;
- die allgemein-menschliche Fähigkeit der translatorischen Kompetenz als verbesserungsfähig, lernbar und lehrbar zu behandeln;
- den enormen Stellenwert der Translationskompetenz für die gesamtgesellschaftliche Kommunikation zu erkennen;
- und dadurch die vielfältigen Einsatzmöglichkeiten für professionell geschulte Translationskompetenz auf dem Arbeitsmarkt zu identifizieren.
- Translation wird überall dort gebraucht, wo Menschen für andere verständlich machen wollen, was sie tun oder meinen.
- Mit zunehmender Spezialisierung und Arbeitsteilung wird der Bedarf für professionelle Translationsleistungen steigen.
- Translation ist viel mehr als „nur" Übersetzen oder Dolmetschen im herkömmlichen Sinn. Dies hat weitreichende Konsequenzen für die gesellschaftliche Arbeitsteilung. Wir müssen diese Konsequenzen ziehen und auch selbstbewusst vertreten.

Bei der Translation wie bei der Wissenschaft geht es um die Entscheidung darüber, ob wir bewusst, kritisch und gezielt handeln wollen oder uns auf bloß intuitive, unerklärliche Gefühle verlassen möchten.

Das Wissen darüber, was Translation ist und was TranslatorInnen können, hilft uns, das Translations-Know-how als vielseitiges, wertvolles Produkt auf dem Arbeitsmarkt zu präsentieren.

Quellen und weiterführende Literatur

Antos, Gerd. 2001. *Transferwissenschaft. Chancen und Barrieren des Zugangs zu Wissen in Zeiten der Informationsflut und der Wissensexplosion*. In: Wichter, Sigurd / Antos Gerd (Hg.). *Wissenstransfer zwischen Experten und Laien. Umriss einer Transferwissenschaft*. Frankfurt: Peter Lang.

Arrojo, Rosemary. 1997f. *Die Übersetzung als Paradigma der intralingualen Kommunikation*. Übersetzt von Helga Ahrens. In: Wolf, Michaela (Hg.). *Übersetzungswissenschaft in Brasilien. Beiträge zum Status von „Original" und Übersetzung*. Tübingen: Stauffenburg, 71-88.

Göpferich, Susanne. 2004. *Wie man aus Eiern Marmelade macht: Von der Translationswissenschaft zur Transferwissenschaft*. In: Göpferich Susanne & Engberg, Jan (Hg.). *Qualität fachsprachlicher Kommunikation*. Tübingen: Narr (=Forum für Fachsprachen-Forschung 66), 4-29.

Grucza, Franciszek. 1990. *Zum Forschungsgegenstand und -ziel der Übersetzungswissenschaft*. In: Arntz, Reiner / Thome, Gisela (Hg.). *Übersetzungswissenschaft – Festschrift für Wolfram Wilss*. Tübingen: Narr, 9-18.

Gumperz, John J. 2005. *Interethnic Communication*. In: Kiesling, Scott F. & Bratt Paulson, Christina (Hg.). *Intercultural Discourse and Communication. The Essential Readings*. Malden MA: Blackwell Publishing, 33-44.

Holz-Mänttäri, Justa. 1990. *Das Transfer-Prinzip*. In: Arntz, Rainer & Thome, Gisela (Hg.). *Übersetzungswissenschaft: Ergebnisse und Perspektiven*. Festschrift für Wolfram Wilss zum 65. Geburtstag. Tübingen: Narr (=Tübinger Beiträge zur Linguistik 354), 59-70.

Hönig, Hans. 1988. *Wissen Übersetzer eigentlich, was sie tun?* In: *Lebende Sprachen* 1, 10-14.

Hönig, Hans. 1990. *Sagen, was man nicht weiß? – Wissen, was man nicht sagt – Die Intuition im Übersetzungsprozeß*. In: Arntz, Reiner / Thome, Gisela (Hg.). *Übersetzungswissenschaft – Festschrift für Wolfram Wilss*. Tübingen: Narr, 152-161.

Hörmann, Hans. 1988. *Meinen und Verstehen. Grundzüge einer psychologischen Semantik*. Frankfurt am Main: Suhrkamp.

Kadric, Mira / Kaindl, Klaus / Kaiser-Cooke, Michèle. 2005. *Einführung in die translatorische Methodik*. Wien: Facultas.

Kaiser-Cooke, Michèle, et al. *The Österreich-Lexikon in English*, http://aeiou.iicm.tugraz.at.

Kaiser-Cooke, Michèle. 2004. *The Missing Link. Evolution, Reality and the Translation Paradigm*. Frankfurt am Main: Peter Lang

Kalverkämper, Hartwig. 1999. *Translationswissenschaft als integrative Disziplin*. In: Gerzymisch-Arbogast, Heidrun / Gile, Daniel / House, Juliane / Rothkegel, Annely (Hg.). *Wege der Übersetzungs- und Dolmetschforschung*. (Jahrbuch Übersetzen und Dolmetschen, vol. 1). Tübingen: Narr, 55-76.

Knapp-Potthoff, Annelie. 1994. *Training interkultureller Kommunikationsbewusstheit*. In: Bungarten, Theo (Hg.). *Kommunikationstraining im wirtschaftlichen Umfeld*. Tostedt: Atticon.

Kupsch-Losereit, Sigrid. 1997. *Übersetzen als transkultureller Verstehens- und Produktionsprozess*. In: Snell-Hornby, Mary / Jettmarová, Zuzana / Kaindl, Klaus (Hg.). 1997. *Translation as Intercultural Communication*. Amsterdam: Benjamins, 249-260.

Lepenies, Wolf. 1993. *Die Übersetzbarkeit der Kulturen. Ein europäisches Problem, eine Chance für Europa*. Budapest: Collegium Budapest / Institute for Advanced Study (=Public Lectures 1).

Mohanty, J.N. 1993. *Den anderen verstehen*. In: Mall, Ram Adhar / Lohmar, Dieter (Hg.). *Philosophische Grundlagen der Interkulturalität*. Amsterdam: Rodopi, 115-122.

Neubert, Albrecht. 1999. *Übersetzungswissenschaft im Widerstreit. Äußere und innere Entwicklung einer Disziplin*. In: Gil, Alberto / Haller, Johann / Steiner, Erich / Gerzymisch-Arbogast, Heidrun (Hg.). 1999. *Modelle der Translation. Grundlagen für Methodik, Bewertung, Computermodellierung*. Frankfurt am Main: Peter Lang, 11-32.

Orth, Ernst Wolfgang. 1996. *Universalität und Individualität der Kultur*. In: Mall, Ram Adhar / Schneider, Notker. 1996. *Ethik und Politik aus interkultureller Sicht*. Amsterdam: Rodopi, 85-94.

Pattanayak, D.P. 1996. *Change, Language and the Developing World*. In: Coleman, Hywel / Cameron, Lynne (Hg.). *Change and Language*. Papers from the Annual Meeting of the British Association for Applied Linguistics held at the University of Leeds, September 1994. Clevedon (etc.): Multilingual Matters, 143-152.

Phillipson, R.L.H. 1992. *Linguistic Imperialism*. Oxford: Oxford University Press.

Prunč, Erich. 2002. *Einführung in die Translationswissenschaft, Band 1, Orientierungsrahmen*. Graz: Institut für Theoretische und Angewandte Translationswissenschaft der Universität Graz.

Prunč, Erich. 1997. *Translationskultur (Versuch einer konstruktiven Kritik des translatorischen Handelns)*. In: TexTconTexT, vol. 11, NF1, 99-127.

Resch, Renate. 2006. *Texten bei Kulturtransfer. Aspekte translatorischer Textkompetenz.* Frankfurt am Main: Lang.

Resch, Renate. 2000. *Werbetexte – multisemiotisch, intertextuell und zappergerecht. Neue Herausforderungen für ÜbersetzerInnen und Translationswissenschaft*. In: Kadric, Mira / Kaindl, Klaus / Pöchhacker, Franz (Hg.). *Translationswissenschaft*. Festschrift für Mary Snell-Hornby zum 60. Geburtstag. Tübingen: Stauffenburg, 183-193.

Schäffner, Christina. 2000. *Kontinuität und Erneuerung*. In: Schmitt, Peter A. (Hg.). *Paradigmenwechsel in der Translation*. Festschrift für Albrecht Neubert zum 70. Geburtstag. Tübingen: Stauffenburg, 205-216.

Snell-Hornby, Mary. 1986. *Übersetzen, Sprache, Kultur*. In: Snell-Hornby, Mary (Hg). *Übersetzungswissenschaft: Eine neue Neuorientierung*. (2nd rev. edn. 1994) Tübingen / Basel: Francke (=UTB 1415), 9-29.

Snell-Hornby, Mary / Hönig, Hans G. / Kußmaul, Paul / Schmitt, Peter A. (Hg.). 1998. *Handbuch Translation*. Tübingen: Stauffenburg.

Stolze, Radegundis. 2005. *Übersetzungstheorien. Eine Einführung*. Tübingen: Narr.

Vermeer, Hans J. 1996. *Die Welt, in der wir übersetzen. Drei translatologische Überlegungen zur Realität, Vergleich und Prozess*. Heidelberg: TexTconText.

Vermeer, Hans J. 1986. *Übersetzen als kultureller Transfer*. In: Snell-Hornby, Mary (Hg.). *Übersetzungswissenschaft. Eine Neuorientierung*. (2nd rev. Edn. 1994) Tübingen / Basel: Francke (=UTB 1415), 30-53.

Vermeer, Hans J. 2000. *Mit allen fünf Sinnen oder: Sinn und Leistung des Kulturbegriffs in der Translation*. In: Kadric, Mira & Kaindl, Klaus & Pöchhacker, Fanz (Hg.). *Translationswissenschaft*, Festschrift für Mary Snell-Hornby zum 60. Geburtstag. Tübingen: Stauffenburg, 37-49.

Whorf, Benjamin Lee. (1956) 1988. *Sprache, Denken, Wirklichkeit*. Übersetzt von Peter Krausser. Reinbek: Rowohlt.

Wills, Wolfram. 2000. *Interdisziplinarität: ein neues übersetzungswissenschaftliches Paradigma?* In: Schmitt, Peter A. (Hg.). *Paradigmenwechsel in der Translation*. Festschrift für Albrecht zum 70. Geburtstag. Tübingen: Stauffenburg, 265-278.

Witte, Heidrun. 2000. *Die Kulturkompetenz des Translators. Begriffliche Grundlegung und Didaktisierung*. Tübingen: Stauffenburg.

Wygotski, L.S. 1934. *Denken und Sprechen*. Frankfurt am Main: Fischer (1993).

4 Kommunikation

Kommunikation, wie Translation, ist etwas, das wir alle tun und alle können. Wir sprechen hier ausschließlich von der menschlichen Kommunikation; es gibt natürlich auch viele andere Lebewesen, die miteinander kommunizieren, aber diese Kommunikationsformen sind für die jetzige Diskussion nicht relevant.

Wie schon Paul Watzlawick im Jahr 1969 feststellte: „Wir können nicht *nicht* kommunizieren." Sobald wir in die Gegenwart von anderen Menschen kommen, findet Kommunikation statt. *Dass* wir kommunizieren, ist also klar.

> Kommunikation ist etwas, das passiert,
> wenn Menschen einander wahrnehmen.

Das Wort *Kommunikation* kommt vom lateinischen *communicare,* welches bedeutet: teilen, mitteilen, vereinen, vereinigen und auch verständigen. Wir sehen also, dass die Grundelemente dessen, was wir als Translation bezeichnet haben, bereits im Begriff der Kommunikation enthalten sind. In der Kommunikation wird etwas mit etwas anderem zusammengebracht. Auch hier können wir uns die Frage stellen: *Was* wird *womit* und *auf welche Weise* zusammengeführt?

Wir haben gerade festgestellt, dass Kommunikation immer dann stattfindet, wenn Menschen zusammenkommen. Sie kommunizieren, sobald sie einander wahrnehmen; die bloße Gegenwart eines anderen Menschen genügt also, um einen Kommunikationsprozess auszulösen. Auch wenn nichts gesagt wird, wird kommuniziert. Wieso?

Jeder Mensch verhält sich irgendwie in und zu dem Raum, den er einnimmt. Seine Art zu stehen, die Art, wie er seine Kleider trägt, sein Blick, seine Bewegungen usw. drücken alle ein bestimmtes Verhalten zu seiner Umgebung aus. Wir alle verhalten uns also zwangsläufig in irgendeiner Weise zu dem Teil der Realität, in dem wir uns gerade befinden. Wir können gar nicht anders. Wenn andere Menschen dabei sind, interpretieren sie dieses Verhalten, und auch sie können gar nicht anders. Verhalten gekoppelt mit der Interpretation dieses Verhaltens ergibt nun Kommunikation.

> Kommunikation ist Verhalten.
> Verhalten wird immer von anderen interpretiert.

Im Kommunikationsprozess wird also das Verhalten in der und zur Realität interpretiert. In jedem Kommunikationsprozess sind mindestens zwei Menschen vorhanden. Es gibt also mindestens zwei Verhaltensweisen und zwei Interpretationen, die während der Kommunikation zusammenkommen.

Die Kommunikation gilt dann als erfolgreich, wenn beide mit der jeweiligen Interpretation zufrieden sind. Diese Zufriedenheit drückt aus: Der andere hat verstanden, was ich meine. (Auch in der nicht-sprachlichen Kommunikation meinen wir etwas, d.h. wir wollen auf eine bestimmte Weise wirken).

Wie wir oben festgehalten haben, bedeutet *meinen,* sich auf eine spezifische Weise und von einem spezifischen Standpunkt aus auf die Realität zu beziehen. Wenn wir glauben, der andere hat uns verstanden, haben wir also das Gefühl, er sieht die Dinge so, wie wir sie sehen (aus unserer Perspektive). Was also in der gelungenen Kommunikation mitgeteilt, vereint und vereinigt wird, ist ein Bezug auf die Realität. Die KommunikationspartnerInnen teilen für die Dauer des Kommunikationsaktes einen gemeinsamen Zugang zur Realität. Erst dann können wir von Verständigung sprechen.

> In der Kommunikation kommen mindestens zwei Zugänge zur Realität zusammen.

Wie wir alle wissen, geht es in der Kommunikation nicht nur und nicht einmal hauptsächlich um das Vermitteln von Inhalten. Wir kennen alle den Gemeinplatz: *Es ist nicht, was du sagst, sondern wie du es sagst, das zählt*. Unsere Alltagserfahrung sagt uns, dass diese Volksweisheit stimmt.

Auch die Wissenschaft bestätigt dieses Gefühl. Die Art und Weise, wie jemand etwas sagt oder schreibt, bestimmt maßgeblich die Art und Weise, wie wir darauf reagieren. Wenn jemand uns in liebevollem Ton „ich hasse dich" sagt, wissen wir, dass er/sie das gar nicht meint und vielleicht sogar genau das Gegenteil empfindet. Es ist eben diese sogenannte Beziehungs-Ebene, die die tatsächliche Aussagekraft eines Kommunikationsaktes ausmacht. Die emotionale Wertigkeit einer kommunikativen Handlung wirkt so stark, dass sie zum wahrgenommenen Inhalt wird.

Die Beziehungsebene spielt natürlich auch in der nonverbalen Kommunikation eine vorrangige Rolle. Wir haben gesehen, dass Kommunikation immer dann stattfindet, wenn Menschen sich in Anwesenheit anderer befinden, d.h. wenn ihr Verhalten von anderen wahrgenommen wird. Wir wissen alle aus unserer alltäglichen Erfahrung, dass jemand ablehnend, sympathisch, nett oder zornig wirken kann, ohne auch nur ein Wort zu sagen. Wir „lesen" diese Gefühle oder Einstellung von seiner Körperhaltung, seiner Mimik oder seinem Blick ab. Oft ist es unsere Interpretation dieser emotionalen Botschaft, die bestimmt, ob wir überhaupt mit einem Menschen näher kommunizieren wollen, also mit ihm sprechen oder ihm schreiben wollen.

Die Beziehungsebene in der Kommunikation ist deswegen so wichtig, weil unsere Gefühle während der Kommunikation immer eine Rolle spielen. Auch im sogenannten objektiven und neutralen Wissenschaftsdiskurs, in dem subjektive Emotionen angeblich ausgeschaltet werden (sollen), wirken Emotionen insofern, als jede/r WissenschaftlerIn wohl doch seine/ihre eigene Überzeugung zum Ausdruck bringen will. Sogar unpersönliche, amtlich verfasste Texte zeigen eine Form von Emotionalität, nämlich die autoritäre Haltung der VerfasserInnen und ihr Bewusstsein für die hierarchische Ordnung der KommunikationspartnerInnen, an deren Spitze sie sich befinden. Auch das neutrale oder unpersönliche Verhalten zeigt eine von Gefühlen und Wünschen bestimmte Haltung.

In der Kommunikation geht es also nicht in erster Linie darum, Inhalte auszutauschen oder Neuigkeiten zu verbreiten, sondern darum, in Beziehung mit anderen Menschen zu treten. Dies ist besonders evident in der sogenannten phatischen Kommunikation. Dies ist die Kommunikation, die wir alle wahrscheinlich mehrmals täglich betreiben, wenn wir Dinge sagen wie „Schönes Wetter heute, nicht?" oder „Hallo, wie geht's?" und nicht wirklich daran interessiert sind, wie die Antwort lautet.

Warum tun wir das? Wir tun es, weil die Kommunikation es eben ermöglicht, dass zwei Menschen sich aufeinander beziehen, also in Beziehung zu einander treten. Dies ist ein fundamentales menschliches Bedürfnis.

Wenn jemand uns sagt, dass das Wetter schön ist, teilt er uns bestimmt nichts Neues mit – das ist auch nicht seine Absicht. Er will einfach etwas sagen und wählt etwas aus den üblichen Phrasen, die seine Sprache zur Verfügung stellt. Er will sich bloß durch Kommunikation auf uns beziehen. Im Normalfall reagieren wir auch entsprechend und bestätigen ihm, dass das Wetter schön ist. Beide PartnerInnen in der Kommunikation haben sich kurzfristig aufeinander bezogen, ohne irgendeinen Inhalt oder eine Erkenntnis auszutauschen. Wir können hier von gelungener Verständigung sprechen, weil beide mit dem Kommunikationsakt zufrieden sind. Die Beziehungsebene hat geklappt – und daher auch die Kommunikation.

In der phatischen Kommunikation werden die jeweiligen Bezüge auf die Realität (fast) ausschließlich über die Beziehungsebene vereint. Auch in dieser Form der Kommunikation teilen die GesprächspartnerInnen etwas, aber diesmal handelt es sich nicht um Erfahrungen oder etwas Gemeintes. In der phatischen Kommunikation geht es eben nicht darum, was ich meine oder was du meinst, sondern um die unausgesprochene Annahme, dass es keine Meinungsverschiedenheit *geben kann*. Dies bedeutet, die Möglichkeit unterschiedlicher Interpretationen wird gar nicht zugelassen. Wir sagen in der Regel auch nicht: „Nein, es ist ein ganz fürchterliches Wetter!" als Reaktion auf die „Frage": „Schönes Wetter heute, nicht?".

Der einzige Zweck der phatischen Kommunikation ist es, die reibungslose Verständigung zu garantieren und das Gefühl der Gemeinsamkeit zu bestätigen. Aus diesem Grund wird die Übereinstimmung der Realitätsinterpretationen fraglos vorausgesetzt.

Leider haben wir aber nicht immer das Gefühl, von den anderen verstanden worden zu sein. Manchmal gelingt die Kommunikation eben nicht. Was wir kommunizieren, ist also nicht immer so klar. Oft sind wir erstaunt darüber, was wir anderen kommunizieren, ohne es zu wollen. Wir wundern uns sogar sehr oft, was wir uns selbst kommunizieren, wenn wir uns z.B. auf einem Foto oder auf Video sehen: Unsere Körpersprache, unsere Stimme, unser Blick sagen tatsächlich etwas über uns aus, und wir sind oft die letzten, die darauf kommen, was wir alles damit aussagen. Wir stellen fest, dass wir gar nicht meinen, was wir tatsächlich sagen. Wenn wir uns auf Video oder im Film sehen, interpretieren wir unser Verhalten nämlich aus der Perspektive eines Außenstehenden, der natürlich nicht denselben Standpunkt einnehmen kann wie die Person, die er beobachtet.

> Die Kommunikation gelingt nicht immer.
> Sie gelingt dann nicht, wenn etwas anderes
> verstanden wird als gemeint war.

Wir kommunizieren natürlich auch mittels Sprache, also mit Wörtern. Auch in der sprachlichen Kommunikation sagen wir oft Dinge, die wir nicht „so meinen", die wir nicht wollen oder anders gemeint haben. Wir sehen also, dass Kommunikation sehr häufig unbewusst, unreflektiert und daher nicht gezielt und gesteuert stattfindet. Das ist auch gut so, denn wir müssen nicht immer alles unter Kontrolle haben.

Aber manchmal doch. Zum Beispiel, wenn es sehr wichtig ist, dass wir etwas erklären, dass wir es jemandem verständlich machen. Dann hilft es uns sehr wohl, zu wissen, was wir kommunizieren und wie wir dies tun.

> Bewusste Kommunikation setzt voraus, dass wir wissen,
> was wir kommunizieren wollen,
> warum wir es kommunizieren wollen,
> mit wem wir kommunizieren
> und
> dass wir etwas zu kommunizieren haben.

Wir befassen uns auf den folgenden Seiten mit Kommunikationssituationen, in denen es sehr wichtig ist, dass aus unterschiedlichen Gründen auch Inhalte verstanden werden. Wir werden sehen, wie die Kommunikation durch das Zusammenwirken von Wissenschaft und Translation erleichtert wird. Die Wissenschaft liefert dabei den Kommunikationsinhalt und die Translation die Möglichkeit, diesen Inhalt verständlich zu machen.

4.1 Die Kommunikation der Wissenschaft

Wir haben oben gesagt, dass wissenschaftliches Wissen sich dadurch vom Alltagswissen unterscheidet, dass es durch kritische Distanz, Reflexion und gegenseitige Kontrolle überprüft wird. Um aber als wissenschaftliches Wissen anerkannt zu werden, müssen die Erkenntnisse so präsentiert werden, dass sie in der Gemeinschaft der WissenschaftlerInnen wirken können.

Jede wissenschaftliche Gemeinschaft, wie auch jede Kultur- und Sprachgemeinschaft, kommuniziert auf eine ganz spezifische Weise. Sie hat ihren eigenen Diskurs, also ihre eigenen Regeln, Konventionen und Normen der Kommunikation, die von allen Mitgliedern dieser Gemeinschaft berücksichtigt werden.

Wer sich nicht an diese Vorgaben hält, wird als irgendwie „anders" betrachtet und behandelt. Wer die Grammatikregeln einer Sprache nicht kennt oder die Wörter nicht so verwendet wie alle anderen Mitglieder der Sprachgemeinschaft, wird für seltsam bis dumm gehalten – oder als sprachliches Genie gefeiert! In der Regel wird von uns erwartet, dass wir die kommunikativen Konventionen unserer Gemeinschaft respektieren, dass wir deren Diskurs übernehmen. Wenn wir dies nicht tun, gehen wir das Risiko ein, nicht verstanden oder nicht akzeptiert zu werden.

Dies gilt auch in der Wissenschaft. Wie oben bereits dargelegt, hat jede Disziplin ihren spezifischen Bezug auf die Realität und daher auch ihre eigene Interpretation dieser Realität.

Um über diese eigene Interpretation kommunizieren zu können, braucht jede Disziplin (wie auch jede andere Kultur- und Sprachgemeinschaft) ihre eigene „Sprache“. Wir haben diese Sprache Diskurs genannt. Die Sprache der Physik klingt z.B. anders als die Sprache der Musikwissenschaft. Wer sich nicht „auskennt“ in der Physik, wird die Kommunikation zwischen den Mitgliedern dieser Disziplin kaum verstehen, unabhängig davon, in welcher Nationalsprache dies abläuft. Nicht jeder Mensch, der Deutsch spricht, kann eine wissenschaftliche Abhandlung über die Relativitätstheorie verstehen. Die deutsche Sprache der Physik drückt eben eine andere (präzisere, differenziertere) Interpretation der Realität aus, als die allgemeine, alltägliche deutsche Sprache.

Diese fachspezifische Sprache, mit der jede Disziplin über „ihren“ Ausschnitt der Realität kommuniziert, stellt also eine Sprache innerhalb der Sprache dar. Wer die Erkenntnisse einer Disziplin verstehen will, muss also diese Fachsprache lernen. Wenn die WissenschaftlerInnen einer Disziplin ihre Erkenntnisse für Menschen außerhalb dieser Disziplin verständlich machen wollen, müssen sie diese Fachsprache übersetzen (gleichgültig ob sie innerhalb ihrer Nationalsprache kommunizieren wollen oder über die Grenzen ihrer Nationalsprache hinweg). Sie müssen also Translation betreiben. Wir sehen demnach, dass die herkömmliche Auffassung von *Sprache* als *Nationalsprache* nicht haltbar ist. So wird auch die konventionelle Bedeutung von Translation (oder auch Übersetzen und Dolmetschen) als eine Tätigkeit, die zwischen Sprachen vermittelt, überholt und nicht vertretbar.

> Die Kommunikation wissenschaftlicher Erkenntnisse erfordert Translation.

Wissenschaftliche Erkenntnisse werden in drei Bereichen kommuniziert: in der Lehre, in der Öffentlichkeit und in der Wissenschaft selbst. Wir werden jetzt diskutieren, warum dies notwendig ist und auch, wie es möglich ist.

4.1.1 In der Lehre

WissenschaftlerInnen kommunizieren, um ihre Erkenntnisse mit anderen zu teilen. Sie können ihre Erkenntnisse nur dann teilen, wenn sie diese auch mit-teilen können, d.h. sie für andere verständlich machen. Wenn es darum geht, das wissenschaftliche Wissen zu lehren – ob in der Schule oder an der

Universität –, spielt die Kommunikationsfähigkeit der Wissenschaft insgesamt, sowie die der lehrenden WissenschaftlerInnen als einzelne, eine wesentliche Rolle.

Wie wir in Teil 1 gesehen haben, versucht die Wissenschaft, aus dem Wissen *von* etwas (implizitem Wissen) ein Wissen *über* etwas (explizites Wissen) zu machen. Ob es sich dabei um das Wissen einer Blume von der lebensnotwendigen Interaktion mit der Umwelt handelt oder um das Wissen von TranslatorInnen über den Translationsprozess ist grundsätzlich irrelevant. In beiden Fällen will die Wissenschaft das Wissen, das das jeweilige Phänomen – die Blume oder den Translationsprozess – möglich macht, identifizieren und ausdrücken. Es gilt, dieses Wissen im wahrsten Sinne des Wortes *aus* zu *drücken* – also es von innen nach außen zu bringen. Das Wissen über etwas – Metawissen – ist das Produkt des wissenschaftlichen Bestrebens, die Welt zu verstehen.

Wissenschaftliche Erkenntnisse werden in Form von Metawissen formuliert und weitergegeben. Dies geschieht vor allem in Bildungsinstitutionen wie Schulen und Universitäten. Die Aufgabe, Wissen für die Bildung der Gesellschaft zu liefern, ist eine wesentliche Funktion der wissenschaftlichen Gemeinschaft und zugleich einer der Gründe, warum sie von der Gesellschaft gefördert wird.

> Das von der Wissenschaft hervorgebrachte Metawissen muss geteilt und mitgeteilt werden.

Die Weitergabe von wissenschaftlichen Erkenntnissen kann als die Vermittlung von reinem „Faktenwissen" oder mit Bezug auf eine praktische Tätigkeit geschehen. Im ersteren Fall sprechen viele von theoretischem Wissen und im zweiteren von praktischem bzw. praxisbezogenem Wissen.

Diese Unterscheidung ist aber insofern unzulässig, als das sogenannte theoretische Wissen (sofern es Gültigkeit besitzt) immer einen Praxisbezug hat und das sogenannte praktische Wissen nur in Form einer Theorie formuliert werden kann (siehe 2.2.7).

Das sogenannte theoretische Wissen ist eigentlich Metawissen, also Wissen-Über, das zumindest vorläufig nur als Metawissen weiterbestehen soll. Das heißt, es geht in erster Linie nicht darum, dieses Wissen praktisch anzuwenden (was *keineswegs* bedeutet, dass dieses Wissen keinen Praxis*bezug* hat). Diese Art von Wissen wird im Allgemeinen in der Schule vermittelt und soll als Basis für die Entwicklung und Aneignung von Erkenntnissen dienen, die als verschiedene praktische Fähigkeiten und Kompetenzen umgesetzt werden können. Sehr oft spricht man in diesem Kontext von *Bildung* im Gegensatz zur *Ausbildung*.

> Das Vereinen von Wissen-Über mit Wissen-Von ermöglicht theoretisch fundierte, bewusste Praxis.

Die universitäre Vermittlung von Wissen geschieht meist auf einer anderen Ebene. Auch hier wird Metawissen geteilt und mitgeteilt. Dies soll aber in der Regel nicht ausschließlich oder auch vorrangig nur als Metawissen weiterbestehen. Die universitäre Lehre hat die Funktion, nicht nur neue Generationen von ForscherInnen heranzubilden, sondern Menschen mit einem Wissen auszustatten, das in der Gesellschaft und für die Gesellschaft praktische Relevanz besitzt.

Das bedeutet, dass universitär ausgebildete Personen ihr Wissen-Über wieder in ein Wissen-Von umwandeln sollen. Sie setzen z.B. ihr medizinisches Wissen über den menschlichen Körper als ÄrztInnen um oder verwenden ihr technisches Wissen über Tragkraft und Schwingungen, um Brücken zu bauen. Sie werden mit einem Wissen ausgestattet, das ihnen ein praktisches Tun ermöglicht und gleichzeitig eine Erklärung für ihr Tun liefert. Diese Erklärung – das Wissen über das, was sie tun – macht es ihnen möglich, ihr Handeln zu steuern, zu verstehen, darüber zu reflektieren und auch darüber zu kommunizieren. So fallen Theorie und Praxis wieder zusammen.

> Die Wissenschaft liefert uns die Basis, unsere praktische Tätigkeit zu verstehen und zu erklären.

Wenn die Wissenschaft ihre Erkenntnisse im schulischen oder universitären Kontext vermitteln will, kann sie sich nicht darauf verlassen, dass ihre KommunikationspartnerInnen „ihre Sprache" sprechen. Die Personen, die ihre Inhalte verstehen sollen, haben per definitionem noch einen anderen Erfahrungshorizont und einen anderen Zugang zur Realität.

Um also ihre Erkenntnisse verständlich zu machen, ist es notwendig, an den Wissensstand der Zielgruppe anzuknüpfen. Alle Lehrenden wissen, dass sie ihre ZuhörerInnen nur dann für das Fach interessieren können, wenn sie zeigen können, dass es etwas mit ihrem Leben zu tun hat. Es gilt also, eine Schnittstelle zwischen der fachlichen Interpretation der Realität und der Alltagserfahrung davon zu finden. Nur so können die zwei Blicke – der fachliche und der alltägliche – auf denselben Gegenstand (z.B. eine Blume) zusammenkommen.

So kann für die Dauer des jeweiligen Kommunikationsaktes ein Zusammentreffen beider Erfahrungshorizonte bewirkt werden. Mit anderen Worten, der Kommunikationsprozess wird auch zu einem Translationsprozess. Wenn die vorgetragenen Erkenntnisse nicht in den Erfahrungshorizont der Studierenden einfließen können und eingeordnet werden, können diese buchstäblich nichts damit anfangen. Sollte also keine Translation stattfinden, kann die Kommunikation nicht gelingen.

■ Erfolgreiche Lehre kann ohne Translation nicht stattfinden.

Die Sprachen der Wissenschaft sind genauso wie andere Sprachen der Welt übersetzbar. Wie auch andere Interpretationen der Realität und andere Sprachen, können auch wissenschaftliche Sprachen deswegen grundsätzlich von allen Menschen verstanden werden, weil alle Menschen potentiell Zugang zur gleichen objektiv existierenden Realität haben. Die Unterschiede bestehen in der gruppenspezifischen Relation zu dieser Realität und in der Erfahrung und Interpretation davon. Diese Unterschiede können durch den Prozess der Translation überbrückt werden.

Ohne die Wissenschaft gäbe es keine systematisch aufbereiteten Inhalte zu vermitteln. Und ohne die Translation könnten Studierende diese Inhalte nicht verstehen.

4.1.2 Mit der Öffentlichkeit

Es gibt drei Gründe, warum die Wissenschaft mit der Öffentlichkeit – d.h. mit Menschen, die nicht selbst in der Wissenschaft tätig sind – kommunizieren muss:

- Die Öffentlichkeit finanziert die Wissenschaft.
- Die Öffentlichkeit hat ein Erkenntnisbedürfnis.
- Die Funktion der Wissenschaft besteht darin, zur Verbesserung des öffentlichen (allgemeinen) Lebens durch Erkenntnisgewinn beizutragen.

Alle drei Gründe hängen natürlich eng miteinander zusammen. Wenn die Wissenschaft nicht hauptsächlich mit öffentlichen Mitteln (Steuern etc.) finanziert würde, müsste sie ihre Handlungen und Ergebnisse nicht vor der Öffentlichkeit erklären und rechtfertigen. Sie müsste diese auch nicht der Öffentlichkeit zur Verfügung stellen.

Diese „Abhängigkeit" von öffentlichen Mitteln – und daher auch von der öffentlichen Akzeptanz ihres Handelns – hat eine sehr positive Wirkung: Auf der einen Seite befreit sie die WissenschaftlerInnen von dem Zwang, ihre Forschung im Sinne privater Interessen und wirtschaftlicher Überlegungen zu betreiben, und schafft dadurch einen Raum, in dem nicht-profitorientierter Erkenntnisgewinn angestrebt werden kann.

Auf der anderen Seite macht sie eine Rechtfertigung des finanziellen Aufwands und der Forschungsrichtung notwendig, die sich als Kontrolle gegen verantwortungslose, unethische und unnötige Forschung auswirkt. Die zunehmende Privatisierung des Wissenschaftsbetriebs gefährdet natürlich diesen zugleich freien und kontrollierten Handlungsraum.

Das Erkenntnisbedürfnis der Öffentlichkeit hat zwei Dimensionen: das grundlegende menschliche Bedürfnis, die Welt zu verstehen, das auch kollektiv befriedigt werden will – und den gesellschaftlichen Bedarf an Entwicklung und Effizienzsteigerung.

Jede Gesellschaft will grundsätzlich ihren Umgang mit den eigenen Ressourcen verbessern und möglichst effizient gestalten. Diejenigen Gesellschaften, die einen Wissenschaftsbetrieb finanzieren, erwarten von diesem einen maßgeblichen Beitrag zur Verbesserung des allgemeinen Lebens durch ein besseres Verständnis der Welt, durch die Erklärung, warum die Dinge so sind, wie sie sind. Mit anderen Worten, die Öffentlichkeit erwartet, dass der wissenschaftliche Erkenntnisgewinn für sie *relevant* sein wird.

Es ist also die Aufgabe und Funktion der Wissenschaft, ein breites Spektrum an Wissen zu erwerben, das für die Gesellschaft sowohl sinnvoll als auch nachvollziehbar ist. Etwas kann nur für sinnvoll gehalten werden, wenn es verstanden werden kann. Wenn die Gesellschaft (die Öffentlichkeit) wissenschaftliche Erkenntnisse als *für sie* relevant akzeptieren soll, müssen diese auch *für sie* relevant – also nachvollziehbar – *gemacht werden*. Das heißt, sie müssen verständlich gemacht werden.

> Die gesellschaftliche Relevanz des wissenschaftlichen Wissens kann nur durch Translation verständlich gemacht werden.

Wenn die WissenschaftlerInnen es verabsäumen, ihre Handlungen und die dadurch gewonnenen Erkenntnisse für die Öffentlichkeit zu übersetzen, werden sie nicht verstanden – und auch nicht akzeptiert.

Mit „verstanden werden" meinen wir natürlich nicht, dass die Öffentlichkeit *alles* verstehen soll, muss – oder will. Wir erinnern uns: Man *kann* nicht alles übersetzen. Dies ist ja auch nicht notwendig. Es wird nur das verständlich gemacht, was für die jeweilige Kommunikationssituation notwendig ist.

Wenn ein Mediziner die Wirkung eines neuen Impfstoffes für ein TV-Magazin erklären will (also für die Öffentlichkeit verständlich machen), erzählt er nicht von allen biochemischen Abläufen, die aktiviert werden. Er bringt nur eine sehr vereinfachte Version der Dinge, wie z.B., dass gewisse Substanzen die Entwicklung von spezifischen Krankheitserregern hemmen. Er bringt das Maß an neuem Wissen an, das für das Ziel seiner Kommunikation notwendig ist, um den ZuschauerInnen das Gefühl zu vermitteln, sie hätten verstanden, wie das Mittel wirkt. Er erreicht dieses Ziel, indem er an das bereits vorhandene Wissen seines Publikums anknüpft, z.B. dass es diese bestimmte Krankheit gibt, dass Wirkstoffe über den Blutkreislauf durch den Körper transportiert werden etc. Auch wenn die ZuschauerInnen nicht alles verstanden haben – und das können sie nicht, weil sie nicht den medizinischen Blick auf die Welt haben –, haben sie sehr wohl für den aktuellen Kommunikationszweck *genug* verstanden: Der Inhalt wurde ihren Kommunikationsbedürfnissen entsprechend adäquat übersetzt.

Der Inhalt konnte nur deswegen ankommen, weil der Mediziner auch die *Beziehungsebene* der Kommunikation berücksichtigt hat. Er hat sich im wahrsten Sinne auf seine Zuhörerschaft *bezogen*: Er ist auf sie zugegangen, indem er sich ihrem Erfahrungshorizont genähert hat. Nur so konnten seine Erkenntnisse auch *ankommen*.

> Die erfolgreiche Translation wissenschaftlicher Erkenntnis setzt voraus, dass man auf die Zielgruppe *zu-geht*.

Die Erklärungsaufgabe der Wissenschaft betrifft aber nicht nur offensichtliche, „unmittelbare" Wissensentwicklungen, wie neue Medikamente oder neue Technologien.

Auch die Geisteswissenschaften suchen nach neuen Erkenntnissen, deren Wirkung ebenfalls zur gesellschaftlichen Entwicklung beitragen kann. Die Relevanz dieser Erkenntnisse bleibt aber oft für die Öffentlichkeit (und oft auch für Kollegen und Kolleginnen in benachbarten Disziplinen!) verborgen, so dass die wissenschaftliche Auseinandersetzung mit den Dingen des menschlichen Geistes zunehmend als „rein theoretisch" bis „reiner Luxus" gebrandmarkt wird.

Gerade weil die „Produkte" der Geisteswissenschaften unsichtbar und im wahrsten Sinn nicht be-greifbar sind, wird immer weniger Notiz davon genommen. Und gerade weil dies der Fall ist, müssen die Produzenten von „unsichtbaren Gütern" ihre Arbeit und deren Resultate noch klarer und noch zielgruppengerechter präsentieren als die Wissens-Schaffenden der Naturwissenschaften.

Gerade die Geisteswissenschaften stellen durch ihre Beschäftigung mit den Dingen des Geistes ein Wissen her, das einen differenzierten Zugang zu und Umgang mit den Menschen ermöglicht. Diese Erkenntnisse sind nicht nur auf Gebiete wie Sozialpolitik oder Kunstkritik anwendbar; sie haben auch eine maßgebliche Bedeutung für die Wirtschaft. Es ist zum zeitgeistigen Gemeinplatz geworden, von Menschen auf dem Arbeitsmarkt als „Humanressourcen" zu sprechen. Ohne diese eigentlich in-humane Auffassung von menschlicher Geisteskraft übernehmen oder unterstützen zu wollen, möchte ich doch in Erinnerung rufen, dass gerade diese „Ressource" den Gegenstand der Geisteswissenschaften ausmacht.

Wenn z.B. die Translationswissenschaft neue Erkenntnisse über die menschliche Verständigung gewinnt, so hat dies unmittelbare Relevanz für die gesellschaftliche Arbeitsteilung, für die Effizienz der Kommunikation in fast allen Bereichen der Arbeitswelt und natürlich auch für die *Qualität* der geleisteten Arbeit.

Die Erkenntnisse über die Komplexität der transkulturellen Kommunikation, über die Vielfalt der kommunikativen Kompetenzen (siehe Teil 3.4), die im Translationsprozess involviert sind, und vor allem über die tragende Rolle der Translation in so gut wie jedem Bereich der heutigen Berufswelt, haben weitreichende Implikationen für die Arbeitsteilung und schließlich auch für die Effizienzsteigerung und Qualitätssicherung fast aller kommunikativen Abläufe.

Leider sind die wichtigen Erkenntnisse der Translationswissenschaft darüber, wie viele Kompetenzen beim translatorischen Know-how involviert sind, noch nicht im öffentlichen Bewusstsein präsent. Könnte der Grund darin liegen, dass viele in der Translationswissenschaft sich vor dem nächsten, konsequenten Erkenntnisschritt scheuen? Zahlreiche translationswissenschaftliche Studien belegen, dass TranslatorInnen viel mehr können als „nur Sprachen sprechen", aber noch wird vielfach die Meinung vertreten, dass „echte Translation" sich auf das Übersetzen und Dolmetschen zwischen „Sprachen" beschränkt.

Es kann uns nur gelingen, unsere Erkenntnisse für die Öffentlichkeit verständlich zu machen, wenn uns selbst ganz klar ist, was wir wem zu welchem Zweck kommunizieren wollen.

> Auch die Translationswissenschaft muss ihre Erkenntnisse für die Öffentlichkeit verständlich machen – sie muss *übersetzen*.

Wenn es der Translationswissenschaft gelingt, ihre Erkenntnisse für die Öffentlichkeit – und speziell für die Wirtschaft – verständlich zu machen, erreichen wir mehrere Ziele:

- Wir machen klar, was Translation ist und wieviel Know-how dafür erforderlich ist.
- Wir können dadurch die Anerkennung – und damit auch die Entlohnung! – der Praxis (und der Theorie) steigern.
- Wir identifizieren den Bedarf der Wirtschaft an einer differenzierteren, effizienteren Arbeitsteilung.
- Wir eröffnen damit neue berufliche Perspektiven für die AbsolventInnen einer Translationsausbildung.
- Wir legitimieren dadurch auch die wissenschaftliche Beschäftigung mit der translatorischen Praxis.

Die Translation der Translationswissenschaft für die Öffentlichkeit zeigt ihre gesellschaftliche Relevanz und macht sie auch zunehmend gesellschaftlich relevant, weil der öffentliche Bedarf für eine durch die Wissenschaft fundierte Praxis steigt und dadurch auch für translationswissenschaftliche Erkenntnisse.

> Die Translation der Translationswissenschaft schafft neue Arbeitsplätze und neue wirtschaftliche Bedürfnisse.

4.1.3 Mit anderen Disziplinen

Die Kommunikation der einzelnen wissenschaftlichen Disziplinen mit einander ist ein unverzichtbarer Teil des wissenschaftlichen Handelns.

Wir haben bereits festgestellt, dass man nicht *nicht-kommunizieren* kann. Dies gilt sowohl für Einzelpersonen als auch für eine Gemeinschaft von Personen, wie z.B. die WissenschaftlerInnen einer Disziplin. Wir haben oben diskutiert, warum „die Wissenschaft" als Gesamtheit der WissenschaftlerInnen mit der Öffentlichkeit als Gesamtheit der Nicht-WissenschaftlerInnen kommunizieren soll. Jetzt geht es um die Kommunikation *zwischen* den Disziplinen, die ja auch als Gemeinschaften mit spezifischen Interessen, mit spezifischen Interpretationen der Realität und mit einer eigenen Sprache diese Interpretation formulieren und kommunizierbar machen.

Wenn eine Disziplin (*eine* Wissenschaft, nicht *die* Wissenschaft) „keine Kommunikation" mit den KollegInnen in anderen Disziplinen betreibt, so findet trotzdem ein Kommunikationsakt statt, der folgendes bewirkt:

- Die jeweilige Disziplin wird nicht (oder nur am Rande) wahrgenommen, weil sie durch das kommunikative Verhalten keine Aufmerksamkeit verlangt.
- Der jeweilige Forschungsgegenstand wird von anderen Disziplinen untersucht und in Anspruch genommen (wie die „Entdeckung" eines Landes, das bereits bewohnt ist und von denjenigen, die es „zuerst finden" besetzt oder benutzt wird).
- Die Relevanz der Forschungsrichtung wird nicht verstanden, weil niemand sie verständlich macht.

Die interdisziplinäre Kommunikation ist also aus folgenden Gründen notwendig:

- Um in der Wissenschaftsgemeinschaft anerkannt zu werden und den eigenen Zugang zum Forschungsgegenstand zu dokumentieren.
- Um die Relevanz dieses disziplinären Zugangs zu einem Teil der Realität zu erklären und dadurch den Weg zu öffnen für einen Austausch mit Disziplinen, die „denselben" Gegenstand aus anderen Perspektiven untersuchen. Dieser Erkenntnisaustausch führt zu einem besseren Verständnis des Gegenstands insgesamt und eröffnet gleichzeitig neue Einsichten in ein bekanntes Gebiet.
- Um die eigenen Erkenntnisse durch den Vergleich mit anderen Interpretationen des Forschungsgegenstands zu kontrollieren. Wenn die eigene Interpretation (Theorie) mit anderen Erklärungen nicht kompatibel ist, stimmt etwas nicht: Entweder muss die eigene Theorie revidiert oder überdacht werden – oder alle anderen haben Unrecht und haben etwas übersehen, das in der eigenen Disziplin bereits erkannt worden ist.

> Interdisziplinäre Kommunikation ist kein Luxus,
> sondern notwendiger Teil des wissenschaftlichen Handelns.

Die interdisziplinäre Kommunikation ist keine Neuerscheinung, sondern war schon immer eine implizite Voraussetzung für das gelungene und seriöse Schaffen von Wissen.

Vor der Arbeitsteilung der gesellschaftlichen Aufgabe, die Welt zu verstehen und zu erklären, ging man grundsätzlich davon aus, dass alles in der Welt irgendwie zusammenhängt. Diejenigen, die sich mit der Weltdeutung beschäftigen, nannte man dementsprechend auch *Philo-sophen*, also *Freunde der Weisheit* (vom griechischen Wort philósophos).

Jahrhunderte hindurch war die Philosophie *die* Wissenschaft, und es galt, die Ereignisse und Dinge der Welt in ihrem Zusammenhang zu erklären. Gleichgültig, ob man die Realität aus einer vorrangig mathematischen Perspektive erklären wollte (wie z.B. Euklid oder Pythagoras) oder von einem religiösen bzw. ethischen Standpunkt aus zur Erkenntnis gelangen wollte (wie z.B. Sokrates oder Platon), es wurden früher Denksysteme konstruiert, die versuchten, den vorausgesetzten Zusammenhang der Welt in seiner Ganzheit zu erfassen und so selbst ein kohärentes (zusammenhängendes) Weltbild darstellen sollten.

Die alte, ganzheitliche Auffassung von Wissenschaft als Wissen um die Welt verfolgte das Ziel, das Leben der Menschen durch vermehrte Erkenntnis zu verbessern. Sie ist daher auch davon ausgegangen, dass das Individuelle mit dem Universellen verbunden ist, so dass Erkenntnisse über die Welt sowohl dem Einzelnen als auch der Gesellschaft zugute kommen. Diese Vernetztheit des Spezifischen mit dem Allgemeinen ist deswegen gegeben, weil die Realität ein Kontinuum ist und nicht aus einzelnen zusammenhangslosen Gegenständen besteht.

Die Aufgabe des Philo-Sophen – des Erkenntnis-Suchenden – besteht demnach darin, die Komplexität dieser Zusammenhänge zu erkennen und zu erklären. Interdisziplinäres Denken war insofern kein Thema, als es früher kein *inter* gab – alles hing zusammen: das Wissen über die „natürliche Welt“ und das Wissen um die „Welt des menschlichen Geistes“. Naturphilosophie (Naturwissenschaft) und Geisteswissenschaft mussten nicht getrennt werden, weil die Welt eine Einheit darstellte.

Der heute vielbeschworene ganzheitliche Ansatz der modernen Wissenschaft und der Ruf nach Interdisziplinarität sind also keine Neuerfindung, sondern waren schon vor langer Zeit und für lange Zeit der einzig sinnvolle Weg zum Erkenntnisgewinn. Erst nachdem diese einheitliche Sicht der Wissenschaft durch die Aufsplitterung des Wissen-Schaffens in zunehmend spezialisierte Teildisziplinen verzerrt wurde, wurde es notwendig, die Ganzheit des zu untersuchenden Gegenstands (der Welt, der Realität) in Erinnerung zu rufen und sprachlich zu thematisieren.

Heute steht der Ausdruck *Interdisziplinarität* oft für das bloße Nebeneinander-Wirken von zwei oder mehreren Disziplinen am selben Forschungsprojekt, wobei jede einzelne Disziplin Forschungsergebnisse präsentiert, die ausschließlich ihre eigene disziplinäre Interpretation des Forschungsgegenstands widerspiegeln. Es handelt sich bei solchen Formen der interdisziplinären Arbeit um keinen Erfahrungsaustausch oder gegenseitigen Erkenntnisgewinn, sondern um unterschiedliche Interpretationen, die bloß nebeneinander bestehen, ohne einander zu verstehen.

Interdisziplinäres Denken findet in unserer Zeit immer dann statt, wenn die Wissenschaftstreibenden sich dessen bewusst sind, dass ihr „eigener" Untersuchungsgegenstand nur einen Ausschnitt aus dem Kontinuum der Realität darstellt. Deswegen sind auch die „großen" Theorien wie die Relativitätstheorie oder die Theorie der Evolution so groß – sie konnten buchstäblich das Weltbild und das Weltverständnis der Menschen verändern, weil sie im Kontext der Welt und nicht nur der „eigenen" Disziplin (Physik bzw. Biologie) Sinn gemacht haben.

Wissenschaftliches Denken, das vor den Grenzen der eigenen Disziplin Halt macht, kann kein Weltbild verändern, weil es selbst kein Bilder von *der Welt* hat. Um das Welt-Bild zu sehen, muss man über den eigenen Standpunkt hinaus sehen und versuchen, den eigenen Untersuchungsgegenstand in seiner Gesamtheit – also aus unterschiedlichen Perspektiven – zu sehen.

> Der interdisziplinäre Blick ist ein Blick auf die Zusammenhänge der Welt und in das Kontinuum der Realität.

Wir können diese Art von Interdisziplinarität mit einer Kommunikationssituation vergleichen, in der Menschen, die unterschiedliche Sprachen sprechen, einander treffen, ohne sich verständigen zu können. Sie sehen einander und wissen, dass der/die andere etwas gesagt hat, wissen aber nicht, was gesagt oder warum dieses gesagt wurde. Die einzige Möglichkeit, sich verständlich zu machen, besteht im Akt der Translation.

> Interdisziplinarität ist ohne Translation nicht möglich.
> Keine verständliche Kommunikation ohne Translation.

Es wird oft argumentiert, dass WissenschaftlerInnen aus unterschiedlichen Disziplinen (oder mit unterschiedlichen Auffassungen von Wissenschaft) einander grundsätzlich nicht verstehen *können*. Verständigung sei deswegen unmöglich, weil jede Disziplin einen Teil der Realität aus einer ganz spezifischen Perspektive untersucht und betrachtet. Diese disziplinäre Perspektive bestimme, *was* gesehen wird, wie es gesehen wird und auch was daran für *relevant* gehalten wird. Da jede Disziplin also einen anderen Bezug auf die Realität hat und daher eine andere Sprache spricht, sei es nicht möglich zu verstehen, was andere meinen könnten.

Nun, wir haben in Teil 3.2 gesehen, dass es sehr wohl möglich ist, andere zu verstehen, wenn sie etwas anderes meinen als wir. Diese Erkenntnis entspricht auch unserer Alltagserfahrung: Wenn jemand etwas anderes meint, also sich auf andere Weise auf die Realität bezieht, als wir das tun, übersetzen wir das Gemeinte, indem wir beide Realitätsbezüge zusammenbringen (siehe Teil 3.1).

Auch in diesem Fall ist es nicht nötig, *alles* verständlich zu machen. Eine vollkommene Gleichmachung der Realitätsbezüge zu erreichen, ist weder möglich noch notwendig (wir erinnern uns: man kann nicht alles übersetzen – siehe Teil 3.2.2). Es genügt, wenn die zwei (oder mehrere) Realitätsbezüge einander an der geeigneten Stelle überlappen. Was als „geeignet" gilt, wird davon abhängen, was das Ziel der Translation sein soll, z.B. Informatikern, die eine multilinguale Datenbank erstellen oder Wirtschaftsfachleuten, die in asiatischen Ländern neue Märkte erschließen wollen, zu erklären, welche Aspekte der Translationswissenschaft für sie relevant sind.

In beiden Fällen gilt es herauszufinden, welche Aspekte der Translationswissenschaft für die anderen relevant sein können. Um dies zu erreichen, müsste man natürlich wissen, wie der/die andere „die Welt sieht". Für die Informatiker wären z.B. diejenigen Erkenntnisse der Translationswissenschaft von Interesse, die erklären, dass es keine sprachlichen Äquivalenzen geben kann (siehe 3.2.2) und dass der Kontext einer Äußerung den Sinn bestimmt. Solche Informationen finden Eingang in den Realitätsbezug der Informatiker, weil sie für die Erstellung der Software-Architektur von Bedeutung sind. Diese translationswissenschaftlichen Erkenntnisse können verstanden werden, weil sie an den Erfahrungshorizont und den Wissensstand der anderen Disziplin anknüpfen.

Für die Erschließung neuer Märkte auf einem anderen Kontinent hingegen wären Erkenntnisse über kulturspezifische Verhaltensweisen und die Rolle des Kulturwissens bei der Interpretation von Texten sehr wichtig. Wenn man einem Unternehmen erklärt, dass seine Werbekampagne aufgrund der Farben, Bilder und Wortspiele in Indien eine ganz andere Wirkung hätte als in Europa und Entrüstung statt Akzeptanz hervorrufen würde, wird die Realität aus ökonomischer Sicht betrachtet und das translatorische Wissen in den wirtschaftsorientierten Erfahrungshorizont integriert.

Für beide Kommunikationssituationen gilt es, das zu übersetzen, was zum Wissensstand der anderen Disziplin Zugang finden kann. Die *ganze* Translationswissenschaft muss nicht in diesem Sinne übersetzt werden – sie *kann* auch nicht in ihrer Totalität übersetzt werden, weil es eben keine Gleich-Wertigkeit, keine Äqui-Valenz zwischen unterschiedlichen Realitätsbezügen (Interpretationen) geben kann. Sie können nur für die Dauer der Kommunikation zusammenkommen. Sie kommen dort zusammen, wo der Kommunikationszweck es erforderlich macht.

> Interdisziplinäre Kommunikation erfolgt durch Translation, die unterschiedliche Perspektiven auf die Realität zusammenbringt.

Es stimmt, dass Disziplinen nicht gleich-wertig sind. Sie sind nicht kommensurabel und auch nicht äqui-valent. Es stimmt aber nicht, dass Translation zwischen Disziplinen unmöglich ist.

Auch Sprachen wie Deutsch und Japanisch (oder jegliche andere Kombination) sind nicht äquivalent oder kommensurabel. Und? Sie können aber trotzdem übersetzt werden. Auch Sprachen werden nicht *in ihrer Totalität* übersetzt – weder Sprachen noch Diskurse noch Disziplinen *haben* eine Totalität, weil sie offene, dynamische Systeme sind, die sich ständig ändern und entwickeln.

Dementsprechend kann man auch nicht *die* Physik oder *die* Translationswissenschaft übersetzen, sondern nur Teile davon.

> Interdisziplinäre Translation ist zweckgebunden und situationsabhängig.

Wie jede andere Art von Translation erfordert die interdisziplinäre Translation eine kritische Distanz zur eigenen Realitätsinterpretation (siehe 3.2.2), damit der Forschungsgegenstand „mit anderen Augen" gesehen werden kann. Dies ist auch nur möglich, wenn nicht vergessen wird, dass der Forschungs-„Gegenstand" Teil des Welt-Kontinuums ist und nicht als separates Objekt existiert. Erst dann wird man aus anderen Perspektiven auf die Realität blicken können, andere Erfahrungen damit machen und andere Zugänge dazu erkennen und zulassen können.

> Interdisziplinäre Translation funktioniert nach denselben Prinzipien wie jede andere Art von Translation.

Die interdisziplinäre Kommunikation macht es möglich, mit anderen Fachleuten zu arbeiten und eine Synthese fachlicher Erkenntnisse zu erreichen, die einen echten Synergieeffekt bewirken kann.

Wissenschaftlich ausgebildete TranslatorInnen, die ihr Wissen mit anderen Fachleuten teilen können, sind vielseitig einsetzbar – und das sowohl in der Wissenschaft als auch in der Wirtschaft.

4.2 Die Kommunikation der Translation

Was ist Translation? Stellt man diese Frage in der Öffentlichkeit, wird man verständnislos angesehen. Fragen wir diejenigen, die Translation als Dienstleistung in Anspruch nehmen, passiert ähnliches. *Translation* als Begriff ist im deutschen Sprachraum so gut wie unbekannt.

Sogar diejenigen, die ihre Translationskompetenz im beruflichen Kontext anbieten, also die sogenannten PraktikerInnen bezeichnen ihre Handlung nicht als Translation, sondern z.B. als Übersetzen oder Dolmetschen, und fänden es schwierig, ihre eigene Praxis zu erklären. Die meisten gehen wohl davon aus, dass es für die Öffentlichkeit ohnehin klar sei, was sie tun.

Es gilt also, den Ausdruck verständlich zu machen. Im Bereich der Praxis hätte dieses Verständlichmachen einen doppelten Nutzen:

Erstens: Erkenntnis der Tatsache, dass der Prozess der Translation nicht ein bloßes Austauschen von Wörtern ist, und davon ausgehend die Entwicklung eines Bewusstseins bei den TranslatorInnen für den Umfang und die Vielschichtigkeit des translatorischen Know-hows. Zweitens: eine Erweiterung des Begriffs auch im öffentlichen Bewusstsein, um viel mehr als nur Übersetzen und Dolmetschen zu erfassen. Dies wird gewiss viel Öffentlichkeitsarbeit erfordern, aber eben dies macht doch die Expertise von TranslatorInnen aus: das Verständlich-machen von neuen Inhalten für spezifische Zielgruppen.

Dies würde den Weg öffnen für die Entstehung und Weiterentwicklung neuer Berufsprofile, sowohl bei den ArbeitgeberInnen als auch bei den ArbeitnehmerInnen im Sektor der translatorischen Dienstleistungen. Konkret bedeutet das, dass Translation als professionelle, bewusst gelernte Tätigkeit die Möglichkeit hätte, sich auch in denjenigen Bereichen der Kommunikation zu etablieren, die sich bisher mit der unsystematischen, ungenauen und nicht verlässlichen Alltagstranslation von translatorisch ungebildeten Personen begnügen mussten.

> Die professionelle Tätigkeit könnte in vielen Bereichen
> in Anspruch genommen werden, wo heute auf
> die Alltagstranslation zurückgegriffen wird.

Translation als *das Verständlichmachen, was jemand meint,* ist ein Produkt, das in fast jedem Bereich der Arbeitswelt gebraucht wird.

Menschen die gelernt haben, ihre implizite „intuitive" translatorische Fähigkeit bewusst zu erweitern, zu steuern und als fachliches Know-how einzusetzen, um das Gemeinte für andere Zielgruppen verständlich zu machen, sind daher auch in fast jedem Bereich der Arbeitswelt einsetzbar. Heutzutage kann es sich kaum jemand leisten, von der Außenwelt missverstanden oder gar nicht verstanden zu werden. Es gilt nicht nur: *Communication is the key,* sondern fast immer auch *No translation, no successful communication.*

> Kommunikation gelingt nur, wenn das Verstehen gelingt.
> Verständlichmachen ist die Basis
> der erfolgreichen Kommunikation.
> Also: keine gelungene Kommunikation ohne Translation.

4.2.1 Translation für die Translation

Warum wollen wir die Praxis der Translation zum Gegenstand eines Translationsprozesses erheben? Die einfache Antwort lautet: um verständlich zu machen, was wir tun. Es ist offensichtlich, sowohl für TranslationswissenschaftlerInnen als auch für PraktikerInnen, dass die Öffentlichkeit nicht weiß, was die Praxis der Translation ausmacht. Wir können auch feststellen, dass das Image der TranslatorInnen in der Öffentlichkeit ihrem Selbstverständnis nicht entspricht.

Das mangelnde Verständnis für das, was ÜbersetzerInnen oder DolmetscherInnen tun, ist leider allzu evident. Die meisten Leute glauben, Übersetzen bedeutet: die Wörter von Sprache A in Wörter von Sprache B zu verwandeln. Jeder, der zwei Sprachen kann, kann also übersetzen, heißt es. Auch ein Bewusstsein für die Unterschiede zwischen Übersetzen und Dolmetschen, geschweige denn für die Existenz anderer Formen der Translation, ist in der Bevölkerung kaum vorhanden.

Es ist bereits von anderen Wissenschaften erkannt worden, dass Translation in dem Sinne, wie sie implizit bereits von vielen VertreterInnen der Translationswissenschaft und explizit in diesem Buch definiert worden ist, ein notwendiger Bestandteil interdisziplinärer Kommunikation sein muss. Nicht nur Thomas Kuhn und Karl Popper haben die erfolgreiche Verständigung zwischen Diskursen, Paradigmen und Disziplinen als einen Prozess der Translation bezeichnet, sondern auch viele andere, die sich in den letzten

Jahren mit der Theorie der interdisziplinären Kommunikation beschäftigt haben.

Wir müssen leider auch feststellen, dass die Kernkompetenz von TranslatorInnen und der Kerngegenstand der Translationswissenschaft, nämlich die Umformulierung und Aufbereitung von Inhalten für spezifische Zielgruppen, für spezifische Kommunikationssituationen und Zwecke, im Begriff ist, wieder von anderen Disziplinen übernommen zu werden. Es gibt bereits Bemühungen um die Etablierung einer neuen Wissenschaft, der sogenannten Transferwissenschaft, die sich mit eben diesen Themen beschäftigt. Auch wird der Begriff Translation sowohl im deutschen, als auch im englischen, von anderen Disziplinen, wie z.B. der Literaturwissenschaft und den Kulturwissenschaften, mehr oder weniger metaphorisch verwendet, um Prozesse innerhalb ihrer eigenen Forschungsgegenstände zu erklären. In vielen Fällen handelt es sich tatsächlich um Translation im Sinne unserer Disziplin. Es wäre doch schade, wenn gerade jetzt, nachdem es der Translationswissenschaft gelungen ist, sich von der Linguistik zu emanzipieren, ihr Profil wieder durch andere Disziplinen verwischt würde.

> Die Translation als Wissenschaft und Praxis muss folgende Fragen für die Öffentlichkeit und in der Öffentlichkeit beantworten:
> Wer sind wir?
> Was tun wir?
> Was können wir?

Es ist traurig aber ganz offensichtlich wahr, dass die Kommunikation darüber, was Translation ist, nicht sehr gut klappt. Weder die Öffentlichkeit noch der Großteil der PraktikerInnen haben die Forschungsergebnisse der Translationswissenschaft zur Kenntnis genommen. Wir können nicht einmal sagen, sie hätten diese nicht verstanden. Denn ohne die Translationswissenschaft wahrzunehmen, kann sie wohl niemand verstehen.

Mit einer solchen Aussage würden wir auch die Verantwortung für das Gelingen der Kommunikation denjenigen geben, die diese gar nicht tragen können. Nüchtern betrachtet hat die Öffentlichkeit wenig Interesse daran, die translationswissenschaftliche Forschung zu verstehen. Für die Öffentlichkeit scheint Übersetzen schlecht oder recht zu funktionieren, während die professionellen TranslatorInnen zum Großteil ihren Beruf in dem Bewusstsein ausüben, dass ihre Tätigkeit nicht verstanden, unterschätzt und unterbezahlt wird, und sich mehr oder weniger damit abfinden.

Auch wenn manche Berufsverbände versuchen, diesen Missstand zu ändern, beruhen die Bemühungen weitgehend auf praktischen Argumenten und nicht auf einem wissenschaftlich fundierten Aufklärungskonzept. Grundsätzlich ist noch immer eine große Skepsis gegenüber der Translationswissenschaft vorhanden. PraktikerInnen wehren sich zurecht gegen eine wissenschaftliche Einstellung, die leicht den Anschein erweckt, sie von oben herab über eine Praxis zu belehren, die sie ohnehin erfolgreich ausüben und fragen sich natürlich: *Wozu brauche ich die Wissenschaft? Übersetzen kann ich ja.* Offensichtlich ist es der Translationswissenschaft noch nicht gelungen, ihnen zu erklären, wozu sie die Translationswissenschaft brauchen.

Kommunikation passiert nur, haben wir oben gesagt, wenn Menschen einander wahrnehmen. Wenn die Translationswissenschaft als menschliche Gemeinschaft nicht wahrgenommen wird, liegt es auf der Hand, dass Kommunikation nicht stattfinden kann.

Die Translation als Praxis wird zwar von der Öffentlichkeit wahrgenommen, weil diese ihre Dienste braucht, aber auch hier scheint etwas in der Kommunikation schiefzugehen: TranslatorInnen fühlen sich im Allgemeinen unterschätzt und unverstanden – und werden nicht zuletzt auch deswegen unterbezahlt. Es ist hochgradig ironisch, dass es gerade uns ExpertInnen für Translation nicht gelingt, unsere Kommunikation mit der Öffentlichkeit zur eigenen Zufriedenheit zu steuern.

Es besteht also dringender Handlungsbedarf. Wir können und dürfen nicht erwarten, dass andere sich bemühen werden, zu verstehen, was wir tun. Es ist *unsere* Aufgabe, bewusst und systematisch dafür zu sorgen, dass die Rolle und die Relevanz der Translation als Praxis und als Wissenschaft anerkannt werden.

> Auch die Translation als berufliche Praxis und die Translationswissenschaft brauchen die Translation.
> Ohne Translation, d.h. ohne das Verständlichmachen für andere, kann es uns nicht gelingen, ihren Stellenwert und ihre Relevanz für die Gesellschaft klar zu machen.

Die Translation als Arbeitsleistung hat also kein sehr hohes Image in der Gesellschaft. Dasselbe gilt für das Image der Translationswissenschaft bei den TranslatorInnen. Leider gilt es *nicht* für das Image der Translationswissenschaft in der Gesellschaft, denn wir können nicht wirklich behaupten, irgendein Image zu haben. Trotz der zahlreichen wissenschaftlichen Aktivitäten, der Errichtung von Ausbildungsstätten und der ständig steigenden

Zahl von Publikationen und Konferenzen müssen wir leider zur Kenntnis nehmen, dass die Wirkung der Erkenntnisse der Translationswissenschaft auf die öffentliche Meinung noch sehr gering ist.

Wie ist es zu diesen Kommunikationspannen gekommen? Die Antwort lautet: durch mangelnde Translationsarbeit. Wenn wenig Interesse oder Bedarf seitens eines Partners in der Kommunikation (z.B. Öffentlichkeit oder PraktikerInnen) besteht, ist es die Aufgabe des anderen Partners (z.B. der Translationswissenschaft) Verstehensbedarf oder Interesse zu wecken. Wenn dies nicht geschieht, wird nichts verstanden.

Wir können nicht davon ausgehen, dass Menschen von sich aus etwas verstehen werden, wenn wir uns nicht aktiv und bewusst darum bemühen, dies *verständlich zu machen*.

Diejenigen, die glauben, ohne die Erkenntnisse der Translationswissenschaft gut genug auszukommen, tragen nicht die Verantwortung dafür, dass sie diese Ergebnisse weder zur Kenntnis nehmen noch verstehen. Warum sollten sie auch? Es liegt also an der Translationswissenschaft (wie wohl an jeder Wissenschaft), verständlich zu machen, was sie tut, warum sie es tut und warum es sie gibt. Mit anderen Worten, es ist die Aufgabe der Translationswissenschaft, ihre gesellschaftliche und praktische Relevanz so aufzubereiten, dass diese auch von der Gesellschaft verstanden werden kann.

Erst dann werden die PraktikerInnen diese wissenschaftlichen Erkenntnisse in ihrer Praxis weitergeben können. Erst dann werden sie erklären können, was sie tun – auf eine Weise, die den Standpunkt ihrer ArbeitgeberInnen mit einbezieht und die translatorische Tätigkeit aus ihrer Perspektive betrachtet.

Wie in 4.2 dargelegt, gibt es unterschiedliche Gründe, warum der Beruf der Translation ein so problematisches Image hat. Einer davon ist der *Vertrauensfaktor*. Wenn wir jemandem fast blind trauen müssen, kommt es eben oft zu einem Unbehagen oder gar Misstrauen: Es ist kein angenehmes Gefühl, nicht zu wissen, was jemand anderer in unserem Namen sagt.

Ein anderer wesentlicher Grund ist der fehlende Einblick in die Komplexität der translatorischen Handlung. Menschen, die keine professionellen TranslatorInnen sind, wissen nicht, welches Know-how für eine gelungene Translation notwendig ist. Sie *können* es gar nicht wissen. Nicht-Experten haben per definitionem kein Problembewusstsein für die professionelle Tätigkeit. Auch wenn sie, wie alle Menschen, Alltagstranslation fast täglich betreiben, tun sie dies auf unbewusste und unsystematische Weise. Sie haben kein explizites Wissen über ihr Tun. Es liegt also auf der Hand, dass sie nicht wissen können, was professionelle TranslatorInnen tun.

Diese zwei Gründe für das unerfreuliche Image von TranslatorInnen in der Gesellschaft sind nicht getrennt voneinander zu betrachten. Die Ambivalenz des Verhältnisses zwischen TranslatorIn und KlientIn hängt gerade mit dem mangelnden Willen zusammen, sich näher mit der Komplexität des professionellen translatorischen Handelns auseinander zu setzen.

Wer von vornherein unsicher ist, ob er/sie kommunikativ adäquat vertreten wird, versucht logischerweise seine Angst (unbewusst) zu minimieren: Wenn die Translation als keine schwierige Aufgabe betrachtet wird, können die AuftraggeberInnen sich damit beruhigen, dass nicht so viel schief gehen kann. Der Handlungsspielraum des/der TranslatorIn wird im Kopf des/der KlientIn geschmälert und dadurch auch das Potenzial für Pannen. Derjenige, in dessen Namen translatorisch gehandelt (übersetzt, gedolmetscht etc.) wird, ist somit nicht so sehr dem Können des/der TranslatorIn ausgeliefert. Wir können also sagen, dass es in diesem Sinne im Interesse der AuftraggeberInnen ist, den Translationsprozess minimalistisch zu verstehen und dadurch zu entwerten. Diese Entwertung bedeutet leider auch, dass der translatorischen Leistung weniger finanzieller Wert beigemessen wird.

> Um Translation verständlich zu machen,
> müssen wir die emotionalen Aspekte der
> Kommunikationssituation berücksichtigen.
> Wie in jedem Kommunikationsakt bestimmt
> die Beziehungsebene die Rezeption des Inhaltes.

Was wollen wir denn verständlich machen? Was können wir realistisch „an die Leute bringen"? Wir haben bereits mehrmals festgestellt, dass gelungene Translation die Berücksichtigung zweier Perspektiven erfordert: die Perspektive der Person oder Gemeinschaft, die verstanden werden will, und die Perspektive derjenigen, die verstehen sollen.

Da es darum geht, das Gemeinsame an den beiden Perspektiven zu finden, um sie aneinander zu knüpfen, müssen zwangsläufig gewisse Elemente der beiden Sichtweisen außer Acht gelassen werden. Anders gesagt, man kann nicht alles für den/die anderen verständlich machen (siehe Teil 3, Translation). Wir müssen entscheiden, was für unsere Zielgruppe *relevant* ist. Relevant bedeutet in diesem Fall: Welche Informationen braucht die Öffentlichkeit, um erkennen zu können, wie wichtig Translation für die Gesellschaft ist, und um begreifen zu können, dass sie ein sehr komplexes und umfassendes Expertenwissen erfordert?

Es ist *nicht* wichtig, dass die Öffentlichkeit versteht, wie Translation funktioniert, wie viel Wissen dazu notwendig ist oder wie komplex der Prozess tatsächlich ist. Es genügt (zunächst), dass sie versteht, *dass* dem so ist; das Wie und das Warum sind hier irrelevant. Was kann also in den Erfahrungshorizont für die Öffentlichkeit gebracht und so für sie relevant gemacht werden?

> Es ist nicht notwendig, den gesamten Translationsprozess für die Öffentlichkeit zu übersetzen. Dies wäre ja auch nicht möglich.
> Wir müssen uns nur fragen:
> Welche Erkenntnisse über den Translationsprozess können an die Alltagserfahrung unserer Zielgruppe (der Öffentlichkeit) angeknüpft werden?

Wir knüpfen dort an, wo sich die gesamtmenschliche Erfahrung der Translation mit der professionellen Praxis der Translation überlappt. Die Fähigkeit, Translation zu betreiben, ist eine grundlegende Eigenschaft der Menschheit. Alltagstranslation und professionelle Translation unterscheiden sich daher nicht *wesenhaft* voneinander. Zum Glück. Denn wenn sie ihrem Wesen nach unterschiedlich wären, wäre es sehr viel schwieriger (oder gar unmöglich), den AlltagstranslatorInnen die Erfahrung der professionellen Translation näher zu bringen.

> Die Translation der Translation erfolgt, wie jeder Akt der Translation, auf der Basis gemeinsamer Erfahrung.
> Die professionelle Translation lässt sich anhand der Erklärung der Alltagstranslation verständlich machen.

Die Feststellung, dass professionelle Translation Ähnlichkeiten mit Alltagstranslation aufweist, mindert auf keine Weise ihren Wert.

Ganz im Gegenteil, gerade durch den Vergleich wird klar, warum die professionelle Tätigkeit nur durch ausgebildete TranslatorInnen ausgeübt werden sollte, von Menschen, die wissen, was sie tun, und die ein Bewusstsein für ihr Handeln entwickelt haben.

Professionelle TranslatorInnen haben gelernt, die grundsätzliche menschliche Fähigkeit, eine Erfahrung aus unterschiedlichen Perspektiven, „durch andere Augen" zu sehen, so zu entwickeln, dass daraus ein professionell vermarktbares Know-how geworden ist. Sie können dieses Expertenwissen bewusst, zielgerichtet und im Auftrag anderer einsetzen.

Der Unterschied zwischen Alltagstranslation und professioneller Translation ist wie der Unterschied zwischen jemanden, der schön in der Badewanne singt und einer ausgebildeten Opernsängerin. Der Badewannensänger klingt vielleicht ganz gut, aber er weiß nicht, wie er zu dem Klang kommt, den er produziert. Er singt einfach aus dem Bauch heraus. Dementsprechend ist sein Repertoire sehr beschränkt: Er kann seine Singfähigkeit nicht für unterschiedliche Situationen anpassen, weil er nicht weiß, wie er was tut, er kann daher sein Singen nicht steuern und kontrollieren und er hat seine angeborene Fähigkeit nicht durch Reflexion und Übung verbessert und entwickelt. Mit anderen Worten, er kann seine Singfähigkeit nicht bewusst, kontrolliert und situationsadäquat einsetzen, er kann nicht unterschiedliche Bedürfnisse damit zielgerichtet befriedigen – und es würde ihn wahrscheinlich niemand für sein „Bauchgefühl" bezahlen.

> Die Translation der Translationspraxis fördert das Vertrauen der Öffentlichkeit in eben diese Praxis.

4.3 Zusammenfassung und Schlussfolgerungen

Kommunikation ist

- Verhalten, das von einem anderen Menschen wahrgenommen wird.
- daher auch etwas, das interpretiert wird.
- eine Beziehung zwischen zwei oder mehreren Menschen.
- von der Kultur geprägt, in der sie stattfindet.
- ein Prozess, in dem die Realitätsbezüge von zwei oder mehreren Menschen aufeinander treffen.

Kommunikation ist nicht

- der bloße Austausch von Informationen.
- immer eine bewusste, geplante, gezielte Handlung.

Wir kommunizieren

- immer, wenn wir in den Wahrnehmungsbereich von anderen Menschen kommen.
- Wir können nicht entscheiden, auf Kommunikation zu verzichten: Auch nichts zu sagen, sagt etwas aus.
- Kommunikation passiert grundsätzlich bewusst oder unbewusst.
- Wir können versuchen, die Kommunikation zu steuern, zu analysieren und zu kontrollieren, um ein bestimmtes Ziel zu erreichen; oder wir

lassen sie einfach „geschehen" und haben keinen Einfluss darauf, wie andere Menschen unser Verhalten interpretieren.

- Um uns gegenseitig zu verstehen, brauchen wir während der Kommunikation oft einen Akt der Translation.

Was wir brauchen, um Kommunikation zu betreiben:

- Gar nichts. Wir müssen uns nur im Wahrnehmungshorizont eines anderen Menschen befinden.

Relevanz für das Leben, das Studium und den Beruf.

Die Erkenntnis, dass wir nicht *nicht*-kommunizieren können, bewirkt eine Reihe anderer Erkenntnisse:

- Nur durch bewusste, gezielte Kommunikation können wir uns selbst definieren.
- Wenn wir unsere eigenen Kompetenzen nicht benennen und explizit machen, kommunizieren wir, dass sie nicht vorhanden sind.
- Kommunikation ohne Verstehen ist trotzdem Kommunikation – und zwar mangelhafte, unbefriedigende, negativ-wirkende Kommunikation.
- Um dies zu vermeiden, wird oft ein Akt der Translation gebraucht.
- Wir können durch geeignete Kommunikation den Wert und das Image der Translation als beruflicher Praxis verbessern.
- Den Translationsbedarf in (fast) jedem Kommunikationsprozess zu erkennen und zu kommunizieren, eröffnet eine Vielzahl neuer Berufsperspektiven für professionell ausgebildete TranslatorInnen. Diese reichen von der Translation wissenschaftlicher Erkenntnisse für die Verwaltung und die Öffentlichkeit über Kommunikationsberatung für PolitikerInnen, ÄrztInnen, AnwältInnen, LehrerInnen, etc., bis zur Erstellung von Kommunikationskonzepten für Unternehmen und jeglicher Art von Kommunikationserleichterung zwischen den SprecherInnen unterschiedlicher Diskurse. Diese Berufe müssen natürlich, wie oben besprochen, erst adäquat vermarktet werden.

Die Entscheidung für oder gegen bewusste Kommunikation ist auch eine Entscheidung darüber, ob wir unser Berufsbild selber definieren und den Arbeitsmarkt aktiv mitgestalten wollen – oder ob wir einfach passiv ein öffentliches Image von unserem Know-how entstehen lassen. Wir können eben nicht *nicht* kommunizieren.

Quellen und weiterführende Literatur

Adamzik, Kirsten & Niederhauser, Jürg. 1999. *Fach-/Wissenschaftssprache versus Gemeinsprache im Laienkurs und im linguistischen Fachdiskurs.* In: Niederhauser, Jürg & Adamzik, Kirsten (Hg.). *Wissenschaftssrpache und Umgangssprache im Kontakt.* Frankfurt am Main: Lang, 15-31.

Antos, Gerd. 2001. *Transferwissenschaft. Chancen und Barrieren des Zugangs zu Wissen in Zeiten der Informationsflut und der Wissensexplosion.* In: Wichter, Sigurd / Antos Gerd (Hrg.). *Wissenstransfer zwischen Experten und Laien. Umriss einer Transferwissenschaft.* Frankfurt: Peter Lang.

Argyle, Michael. 1992. *Körpersprache und Kommunikation.* Übersetzt von Christoph Schmidt. Paderborn: Junfermann.

Arnold,Markus. 2006. *Wissenschaftskommunikation.* Skriptum der Universität Wien.

Arrojo, Rosemary. 1997f. *Die Übersetzung als Paradigma der intralingualen Kommunikation.* Übersetzt von Helga Ahrens. In: Wolf, Michaela (Hg.). *Übersetzungswissenschaft in Brasilien. Beiträge zum Status von „Original" und Übersetzung.* Tübingen: Stauffenburg, 71-88.

Batlogg, Aurelia. (2007). *Ich, wir und die anderen. Wissenschaftskommunikation als Translationsprozess.* Diplomarbeit am Zentrum für Translationswissenschaft der Universität Wien.

Bhabha Homi K. 1996. *Culture's in Between.* In: Hall, Stuart & du Gay, Paul (Hg.). *Questions of Cultural Identity.* London / Thousand Oaks / New Delhi: Sage, 53-60.

Bogner, Franz. 1999. *Das Neue PR-Denken. Strategien, Konzepte, Aktivitäten.* 3. Auflage. Wien: Ueberreuter.

Chesterman, Andrew / Wagner, Emma. 2002. *Can theory help translators? A dialogue between the ivory tower and the wordface.* Manchester: St. Jerome.

Costazza, Markus. 1993. *Drei methodische Zugänge zur Interdisziplinarität und das Konzept der Verfremdung.* In: Wallner, Fritz G. / Schimmer, Josef / Costazza, Markus (Hg.). *Grenzziehungen zum Konstruktiven Realismus.* Wien: WUV-Universitätsverlag, 52-67.

Costazza, Markus. 1993. *Wissenschaft als soziales Subsystem.* In: Fischer, Roland / Costazza, Markus / Pellert, Ada (Hg.). *Argumentation und Entscheidung. Zur Idee und Organisation von Wissenschaft.* München / Wien: Profil, 45-60.

Dalby, David. 2004. *What is a „Language"?* http://www.linguasphare.org/what.html (8. August 2005)

Forgas, Joseph P. 1994. *Soziale Interaktion und Kommunikation.* 2. Auflage, Weinheim: Psychologie Verlags Union.

Gotti, Maurizio. 1993. *Il linguaggio della divulgazione: problematiche di traduzione intralinguistica.* In: Cortese, Giuseppina (Hg.). *Tradurre i linguaggi settoriali.* Tornio: Edizioni Libreria Cortina, 217-235.

Göhring, Heinz. 1977. *Interkulturelle Kommunikation: Die Überwindung der Trennung von Fremdsprachen- und Landeskundeunterricht durch einen integrierten Fremdverhaltensunterricht.* In: *Kongressberichte der 8. Jahrestagung der Gesellschaft für Angewandte Linguistik GAL e.* V., Band IV, Mainz, 9-13

Göpferich, Susanne. 1995. *Textsorten in Naturwissenschaften und Technik. Pragmatische Typologie – Kontrastierung – Translation.* Forum für Fachsprachenforschung 27. Tübingen: Narr.

Göpferich, Susanne. 1997 *Der Kommunikationsmittler im Wissenstransfer vom Fachmann zum Laien: Neue Aufgaben in der Übersetzerausbildung.* In: Drescher, Horst W. (Hg.) 1997: *Transfer. Übersetzen, Dolmetschen, Interkulturalität.* Frankfurt am Main: Peter Lang, 153-174.

Göpferich, Susanne / Engberg, Jan (Hg.). 2004. *Qualität fachsprachlicher Kommunikation.* Tübingen: Narr.

Gottschlich, Maximilian / Langenbucher, Wolfgang R. (Hg.). 1999. *Publizistik- und Kommunikationswissenschaft*. Ein Textbuch zur Einführung. Wien: Braumüller, 3-12.

Hunziker, Peter. 1996. *Medien, Kommunikation und Gesellschaft*. 2. Auflage, Darmstadt: Wissenschaftliche Buchgesellschaft.

Höller, Bettina Eva. 2006. *AbsolventInnen des Translationsstudiums in „ausbildungsfremden" Berufen. Eine empirische Untersuchung*. Diplomarbeit am Zentrum für Translationswissenschaft der Universität Wien.

Jäger, Ludwig. 1996. *Expertenkultur und Sprachkultur: »Innersprachliche Mehrsprachigkeit« und das Problem der Transparenz des Expertenwissens*. In: Böke, Karin & Jung, Matthias & Wengeler, Martin (Hg.). *Öffentlicher Sprachgebrauch: Praktische, theoretische und historische Perspektiven*. Opladen: Westdeutscher Verlag, 67-76.

Kaiser-Cooke, Michèle. 1999a. *Translation and trans-disciplinarity: the missing link*. Special Issue of 'Linguistica Antverpiensa, no. XXXIII' 1999, 31-37.

Kalverkämper, Hartwig. 1988. *Fachexterne Kommunikation als Maßstab einer Fachsprachen-Hermeneutik: Verständlichkeit kernphysikalischer Fakten in spanischen Zeitungstexten*. In: Kalverkämper, Hartwig (Hg.). *Fachsprachen in der Romania*. Tübingen: Narr (=Forum für Fachsprachen-Forschung 8), 151-193.

Kastberg, Peter. 2005. *Textoptimierung über Textsortenwechsel – Wissenstransfer als Wissenslektion*. In: Antos, Gerd & Wichter, Sigurd (Hg.). *Wissenstransfer durch Sprache als gesellschaftliches Problem*. Franfurt am Main: Lang (=Transferwissenschaft 3), 143-156.

Kuhn, Thomas. 1977. *Die Entstehung des Neuen: Studien zur Struktur der Wissenschaftsgeschichte.* (Übersetzung von Hermann Vetter). Frankfurt am Main: Suhrkamp.

Latour, Bruno. 2000. *Die Hoffnung der Pandora. Untersuchungen zur Wirklichkeit der Wissenschaft*. Übersetzt aus dem Englischen (Pandora's Hope: An Essay on the Reality of Science Studies, 1999, Harvard University Press) von Gustav Roßler. Frankfurt am Main: Suhrkamp.

Malinowski, Bronislav. 1923. *The problem of meaning in primitive languages*. In: Ogden, Chalers Kay / Richards, Ivor Armstrong: *The meaning of meaning. A study of the Influence of Language upon Thought and of the Science of Symbolism*. 10th ed. London: Routledge & Kegan Paul. 1st ed.

Meggle, Georg. 1997. *Grundbegriffe der Kommunikation*. Berlin / New York: de Gruyter.

Müller, Bernd-Dietrich. 1993. *Interkulturelle Kompetenz. Annäherung an einen Begriff*. Jahrbuch Deutsch als Fremdsprache, Jg. 19, 63-76.

Pietschmann, Herbert. 1993. *Möglichkeiten und Grenzen interdisziplinärer Kooperation*. In: Wallner, Fritz G. / Schimmer, Josef / Costazza, Markus (Hg.). *Grenzziehungen zum Konstruktiven Realismus*. Wien: WUV-Universitätsverlag, 68-79.

Ramos Fernández, Maria Cinta. 1999. *Algunas traducciones intralingüísticas de Pygmalion, de Bernhard Shaw*. In: Quaderns. Revista de traducció 3, 61-79.

Resch, Renate. 2006. *Translatorische Textkompetenz: Texte im Kulturtransfer*. Frankfurt: Peter Lang.

Resch, Renate. 2000. *Werbetexte – multisemiotisch, intertextuell und zapper-gerecht: Neue Herausforderungen für ÜbersetzerInnen und Translationswissenschaft*. In: Kadric, Mira & Kaindl, Klaus & Pöchhacker, Franz (Hg.). *Translationswissenschaft*. Festschrift für Mary Snell-Hornby zum 60. Geburtstag. Tübingen: Stauffenburg, 183-193.

Rombach, Heinrich. 1999. *Wissenschaft und Wissenschaftstheorie*. In: Gottschlich, Maximilian / Langenbucher, Wolfgang (Hg). *Publizistik und Kommunikationswissenschaften. Ein Textbuch zur Einführung*. Wien: Braumüller, 3-12.

Schmid, Benjamin. 2005. *Ducks into rabbits. Integrating intralingual translation*. Diplomarbeit am Zentrum für Translationswissenschaft der Universität Wien.

Schmitt, Peter A. 1999. *Berufsbild*. In: Snell-Hornby, Mary / Hönig, Hans G. / Kußmaul Paul (Hg.). *Handbuch Translation*. 1-5. Tübingen: Stauffenburg.

Schmitt, Peter A. 1999. *Marktsituation der Übersetzer*. In: Snell-Hornby, Mary / Hönig, Hans G. / Kußmaul Paul (Hg.). *Handbuch Translation*. 5-13. Tübingen: Stauffenburg.

Schopp, Jürgen F. 1999. *Typographie und Layout*. In: Snell-Hornby & Hönig, Hans G. & Kussmaul, Paul & Schmitt, Peter A. (Hg.). *Handbuch Translation*. (2nd rev. edn.). Tübingen: Stauffenburg, 199-204.

Wallner, Fritz. 1993b. *Die Multikulturalität als Bedingung des Konstruktiven Realismus*. In: Wallner, Fritz G. / Schimmer, Josef / Costazza, Markus (Hg.). *Grenzziehungen zum Konstruktiven Realismus*. Wien: WUV-Universitätsverlag, 140-147.

Watzlawick, Paul / Beavin, Janet H. / Jackson, Don D. 2000. *Menschliche Kommunikation. Formen Störungen Paradoxien*. Bern: Hans Huber.

Wilss, Wolfram. 2000. *Interdisziplinarität: ein neues übersetzungswissenschaftliches Paradigma?* In: Schmitt, Peter A. (Hg.). *Paradigmenwechsel in der Translation*. Festschrift für Albrecht Neubert zum 70. Geburtstag. Tübingen: Stauffenburg, 265-278.

Wodak, Ruth / Menz, Florian / Lalouschek, Johanna. 1989. *Sprachbarrieren. Die Verständigungskrise der Gesellschaft*. Wien: Edition Atelier.

5 Schlusswort

Wieso denn Wissenschaft, Translation und Kommunikation? Kehren wir zurück zu den Fragen, die wir in der Einleitung gestellt haben. Diese können wir jetzt beantworten:

Was bringt die Wissenschaft für die Translation?

Die Wissenschaft erklärt die Translation als menschliche Praxis. Sie macht implizite Kompetenzen explizit und bringt sie so in unser Bewusstsein.

Somit gibt uns die Wissenschaft auch die Möglichkeit, unsere Entscheidungen zu reflektieren und zu argumentieren, unsere fachlich entwickelten Intuitionen zu steuern und zu kontrollieren. Die Wissenschaft macht TranslatorInnen verständlich, warum und wie sie translatorische Probleme auf diese oder jene Weise lösen. Sie versucht nicht, ihnen vorzuschreiben, was sie tun *sollen*, sondern erforscht die Gründe, *warum* sie so tun, *wie* sie tun.

Die Wissenschaft versucht auszudrücken, „was in den Köpfen" von TranslatorInnen vorgeht, dies sprachlich und im Einklang mit anderen Theorien über die menschliche Sprache, Kommunikation, Psyche etc. zu formulieren. Natürlich geht es dabei auch um die soziale Einbettung der translatorischen Tätigkeit, deren Einfluss auf translatorische Entscheidungen auch eine große Rolle spielt.

Die Wissenschaft macht es den TranslatorInnen möglich, über sich selbst systematisch zu reflektieren, ihre Handlungen und Entscheidungen nicht nur intuitiv, sondern auch rational zu begründen. Sie zeigt die Komplexität und Vielfältigkeit der translatorischen Kompetenzen auf und gibt TranslatorInnen somit die Möglichkeit, ein differenzierteres Selbstverständnis und ein neues Selbstbewusstsein zu entwickeln.

Die Wissenschaft zeigt auch die gesellschaftliche Bedeutung von Translation als Praxis. Somit kann auch das translatorische Know-how aufgewertet und anerkannt werden.

Was bringt die Kommunikation für die Wissenschaft?

Wissenschaft ohne Kommunikation gibt es nicht.

Wissenschaft schafft Wissen. Der Prozess des Wissen-Schaffens kann nicht in einer Einzelperson stattfinden. Auch wenn eine Person „zuerst" ein Problem löst oder einen Zusammenhang entdeckt, geschieht dies nicht in einem kommunikativen Vakuum. Jeder Mensch lernt durch Kommunikation mit und aus seiner Umgebung, seiner Kultur, seiner Zeit etc. Auch WissenschaftlerInnen sind Menschen; auch sie denken in einem zeitlichen, kulturellen und politischen Rahmen, der ihre Ideen und Forschungsziele prägt.

Die „großen Entdeckungen", wie z.B. die Evolutionstheorie oder die „Entdeckung", dass die Erde rund ist, entsprangen nicht von heute auf morgen einem genialen Geist, sondern wurden durch die Gedanken und Forschungen vieler anderer Menschen über sehr viele Jahre vorbereitet.

Oft ist es nur Zufall, dass ein Wissenschaftler „zuerst" etwas entdeckt – wie eben die Evolutionstheorie, die gleichzeitig von Charles Darwin und Alfred Russel Wallace formuliert wurde. Der Hauptgrund, warum wir alle an Darwin in diesem Zusammenhang denken, lautet: Kommunikation. Im heutigen Jargon würde man sagen: Darwin hat sich besser vermarkten können.

Die Wissenschaft braucht die Kommunikation, weil WissenschaftlerInnen miteinander kommunizieren wollen und müssen, um ihre Ergebnisse zu kontrollieren und zu verbreiten und auch um voneinander zu lernen.

Die Wissenschaft braucht die Kommunikation, weil sie ihre Handlungen, ihre Ergebnisse – und ihre Ausgaben – vor der Gesellschaft rechtfertigen muss und auch die Relevanz ihrer Forschung *für* die Gesellschaft deutlich machen will. Letztendlich wird Wissenschaft ja nicht für die WissenschaftlerInnen betrieben, sondern für die Gesellschaft, die sie finanziert und in der sie arbeiten. Wer nicht kommunizieren kann, was er/sie tut – und warum – geht einfach unter.

Was bringt die Translation für die Wissenschaft?

Wissenschaftliche Kommunikation kann ohne translatorische Praxis kaum gelingen.

Ob WissenschaftlerInnen mit KollegInnen innerhalb der eigenen Disziplin, mit anderen Disziplinen oder mit der Öffentlichkeit kommunizieren wollen, sie werden immer ihre Erkenntnisse und Forschungsergebnisse *verständlich machen* müssen. Sie können dies nur tun, indem sie ihr eigenes Verständnis der Dinge so formulieren, dass es für andere nachvollziehbar wird. Und dies kann nur geschehen, wenn der Wissensstand und der Standpunkt der anderen berücksichtigt wird – wenn die zwei Erfahrungshorizonte zusammengeführt werden. Translation ist für die Wissenschaft unentbehrlich.

Was bringt die Translationswissenschaft für die Kommunikation der Wissenschaft?

Die Translationswissenschaft kann für die Wissenschaft allgemein das Gleiche bewirken wie für die translatorische Praxis. Sie kann explizit und bewusst machen, was Translation ist, wann sie in der Wissenschaftskommunikation notwendig wird und auch, *wie* sie stattfindet.

Noch ist erfolgreiche Wissenschaftskommunikation im Stadium der Alltagstranslation: Sie geschieht mehr oder weniger intuitiv – manche können es ziemlich gut, schreiben populärwissenschaftliche Bücher, treten in TV-Magazinen auf und werden bekannt. Andere können es nicht und schreiben hauptsächlich für Insider in der Hoffnung, dass wenigstens diese etwas verstehen werden …

Was die Translationswissenschaft tun kann: anderen WissenschaftlerInnen sagen, wie die Kommunikation über die Wissenschaft besser gelingen kann; was man berücksichtigen muss; wie man kritische Distanz zur eigenen Interpretation und Wahrnehmungsperspektive gewinnt; wie man zielgruppengerecht formuliert etc. etc.

Dies würde die intuitive, unanalysierte Alltagstranslation der wissenschaftlichen Kommunikation zu einem bewussten, steuerbaren, zielgerechten Prozess machen, den auch *alle lernen könnten*. Der kommunikative Erfolg wäre nicht auf die wenigen „geborenen Kommunikatoren" beschränkt, sondern wäre für sehr viele erreichbar. Das würde zwar den Starstatus einiger „Superwissenschaftler" schmälern, hätte aber auf den Status der jeweiligen Disziplin insgesamt eine positive Wirkung.

Andere Wissenschaften mögen zwar erkannt haben, dass gelungene Wissenschaftskommunikation „eine Art von Übersetzen" ist, aber: Sie wissen noch nicht, *was das bedeutet, wie Translation funktioniert*. Das kann nur die Translationswissenschaft erklären. Jede Wissenschaft kann von den Erkenntnissen der Translationswissenschaft profitieren, weil jede Wissenschaft ihre eigenen Erkenntnisse verständlich machen muss.

Was ist der Unterschied zwischen Translation und Kommunikation?

Translation ist immer Kommunikation. Aber nicht jede Kommunikation ist Translation.

Translation bedeutet: Realitätsbezüge zusammenzubringen, den Erwartungshorizont der GesprächspartnerInnen zu erweitern und so einen gemeinsamen Erfahrungsrahmen zu schaffen. Zweifellos existieren Kommunikationsformen, die nicht auf Translation zurückgreifen müssen; diese existieren allerdings meist nicht in einem kommunikativen Vakuum, sondern sind mit translatorischen Elementen verflochten. Immer, wenn ein Gesprächspartner präzisieren will, was er meint, muss er translatorische Strategien anwenden.

Kommunikation ist dann nicht Translation, wenn keine/r der KommunikationspartnerInnen auf den/die anderen zugeht: das heißt, wenn kein Perspektivenwechsel stattfindet.

In solchen Fällen bleibt jede/r innerhalb seines/ihres Erfahrungshorizonts und es kommt zu keinem Verknüpfen der jeweiligen Realitätsbezüge. Man sagt ja auch, dass Menschen „aneinander vorbei reden", wenn keine/r den Kommunikationsgegenstand aus der Sicht des/der anderen sehen kann. Sehr oft hat man dabei das Gefühl, „nicht von der selben Sache" zu sprechen. Dies ist auch tatsächlich der Fall: Ein Ding, aus zwei (oder mehr) unterschiedlichen Perspektiven betrachtet, sieht für jeden Beobachter anders aus. Wenn zwei (oder mehr) Menschen sich auf unterschiedliche Weise auf das „selbe Ding" beziehen, es unterschiedlich interpretieren, nehmen sie es ganz wörtlich anders *wahr*.

Wenn also die Wahr-Nehmung der KommunikationspartnerInnen getrennt bleibt, sich nicht an irgendeiner Anschlussstelle treffen kann, können wir von nicht-translatorischer Kommunikation sprechen.

Während eines Kommunikationsprozesses kann Translation daher in der Regel von nicht-translatorischer Kommunikation nicht klar abgegrenzt werden. Beide Formen der Kommunikation sind eng ineinander verflochten.

Was hat die Translationswissenschaft von der Kommunikation?

Die Translationswissenschaft, wie auch jede andere Wissenschaft, braucht die Kommunikation nach innen und nach außen.

Die Kommunikation innerhalb der Disziplin dient aber nicht nur der gegenseitigen Kontrolle, sondern auch der kontinuierlichen und kritischen Auseinandersetzung mit dem Forschungsgegenstand. Das „Thema" einer Disziplin wird nämlich nicht ein für alle Mal identifiziert und definiert: Mit jeder neuen Erkenntnis ändert sich das Bild des Forschungsgegenstands. Neue Erkenntnisse bewirken eine ständige Neufokussierung der disziplinären Sichtweise, erweitern oder verschieben die Perspektive, aus der „der Forschungsgegenstand" beobachtet und untersucht wird.

Da jede Änderung der Perspektive ein neues Bild (eine neue Interpretation) ergibt, indem z.B. ursprünglich wichtige Merkmale an den Rand gerückt werden und andere, bisher unwichtige Details an Relevanz und Bedeutung gewinnen, können wir nicht wirklich von *einem* Forschungs*gegenstand* sprechen, der konstant und unverrückbar gegeben ist. Es handelt sich vielmehr um einen Forschungs*prozess*, der sich ständig entwickelt – oder entwickeln soll.

Die Translationswissenschaft, als eine noch sehr junge Disziplin, hat natürlich das Bedürfnis, das eigene Selbstverständnis zu stärken und ihr „Thema" von dem der benachbarten Disziplinen wie z.B. der Sprachwissenschaft oder der Literaturwissenschaft klar abzugrenzen. Dies ist sowohl notwendig als auch legitim.

Gerade weil die Translationswissenschaft eine junge Disziplin ist, deren Forschungsfeld längere Zeit von anderen Disziplinen „besetzt" worden ist und in der Öffentlichkeit kaum Anerkennung findet, ist die Kommunikation nach außen, also außerhalb der Gemeinschaft der TranslationswissenschaftlerInnen, eine dringende Angelegenheit.

Übersetzen und Dolmetschen als praktische Tätigkeit hat es schon immer gegeben. Menschen haben immer andere Menschen gebraucht, die die Sprache der „Fremden" verstehen und für sie verständlich machen können. So glauben auch die meisten Menschen zu wissen, was *Übersetzen* oder *Dolmetschen* ist: der Austausch von Wörtern zweier Sprachen, um „das Gleiche" zu sagen. Dies ist alles, was sie vom Übersetzungsprozess wahrnehmen und auch alles, was sie wahrnehmen *können*: Sie sehen nur das Endergebnis des Prozesses.

Es ist daher nicht erstaunlich, wenn „die Öffentlichkeit" (die ja aus vielen unterschiedlichen Gruppen mit unterschiedlichem Interesse – oder gar keinem – am Translationsprozess besteht) nicht verstehen kann, wozu man eine Translations-*Wissenschaft* braucht. Wissenschaft muss doch einen Nutzen haben, etwas *bringen* – und Übersetzen gibt's ja schon. Also wozu eine Übersetzungswissenschaft (geschweige denn Dolmetschwissenschaft oder gar Translationswissenschaft)?

Es genügt nicht, darauf zu bestehen, dass die Funktion der Wissenschaft darin besteht, Erklärungen der Realität zu liefern und dass der Nutzen im Erkenntnisgewinn zu suchen ist. Der Grund dafür ist sehr einfach: So lange „die Öffentlichkeit" nichts erkennen *kann*, hat sie keinen Erkenntnisgewinn. So lange die Außenwelt nicht *versteht*, wie Translation *mit ihrem Leben zusammenhängt*, wird sie nichts von der Translationswissenschaft haben und nichts davon halten. Und die Menschen werden so lange nichts verstehen, bis es den TranslationswissenschaftlerInnen gelingt, ihnen die Translationswissenschaft *verständlich* zu machen.

Die Translationswissenschaft muss also Translation betreiben, damit sie wahrgenommen wird.

Wie bei jedem Akt der Translation gilt: Man kann nicht (und soll auch nicht) *alles* übersetzen. Es wird das übersetzt, was für den spezifischen Kommunikationsakt notwendig ist, unter Berücksichtigung des Wissenstands und der Erfahrung der Zielgruppe. Wie bei jeder anderen translatorischen Handlung wird es auch hier notwendig sein, Anschlussstellen am Erfahrungshorizont der Zielgruppe zu suchen.

Es ist unwahrscheinlich, dass die Komplexität und die Bedeutung der Translation verstanden werden, wenn sie in erster Linie als eine abgehobene

Expertentätigkeit präsentiert wird, die nur von Eingeweihten praktiziert und/oder verstanden werden kann. Eine solche Darstellung *entfremdet* die Menschen von der Translation, weil sie diese als etwas Unbekanntes kennzeichnet, etwas, das abgetrennt ist von ihrem eigenen Leben. Wie soll man da etwas verstehen? Wenn aber Translation als menschliche Praxis im Kontinuum des allgemeinen menschlichen Lebens erklärt wird, bekommen die „Laien" einen Anhaltspunkt, etwas, worauf sie *sich beziehen* können. Ohne diesen Bezug ist kein Verstehen möglich.

Die Einbettung der Translation in das Alltagsleben schmälert auf keine Weise deren gesellschaftliche Bedeutung. Im Gegenteil, sie macht die Erklärung der Notwendigkeit der professionellen Translation durch ExpertInnen um so einfacher und klarer, weil sie eben die Zusammenhänge mit der restlichen Lebenspraxis der Menschen identifiziert und so auch die Komplexität der Bedingungen für gelungene Translation beschreibt.

Wem hilft denn eine solche Erklärung der Translation?

Sie hilft der Translationswissenschaft, weil sie Translation als ein allgemein menschliches Potenzial beschreibt. Uns ist nicht geholfen, wenn wir die Translationsfähigkeit als etwas darstellen, das nicht grundsätzlich in der menschlichen Kommunikations- und Kognitionsfähigkeit verankert ist. Die Translationsfähigkeit ist ein Teil des Weltkontinuums und ein Teil der grundlegenden kognitiven Ausstattung aller Menschen, so wie die Fähigkeit zu schwimmen oder zu singen auch bei allen Menschen *grundsätzlich* gegeben ist. Manche Menschen können von Natur aus besser schwimmen, singen oder Translation betreiben als andere. Um aber diese Fähigkeit zu einer professionellen beruflichen Tätigkeit zu entwickeln, brauchen alle eine gezielte, bewusste Ausbildung, die diese grundlegende Fähigkeit unterstützt, fördert und ausbaut.

Die Translationswissenschaft tut sich und den praktizierenden TranslatorInnen nichts Gutes, wenn sie darauf besteht, translatorisches Know-how als etwas darzustellen, das völlig separat wäre vom „Rest der Menschheit". Dies ist wissenschaftstheoretisch unhaltbar, kognitiv unmöglich und kommunikativ kontraproduktiv: Nicht nur WissenschaftlerInnen sondern auch TranslatorInnen sind Menschen und können nur das tun, was allgemein menschenmöglich ist. Außerdem verstehen Menschen nur Dinge, die sie mit ihrem eigenen Leben in Zusammenhang bringen können.

Es wird kaum ein/e TranslationwissenschaftlerIn ernsthaft behaupten, Translation sei *nicht* transkulturelle Kommunikation. Auch wenn nicht jede Form der transkulturellen Kommunikation unter dem Begriff Translation zu subsumieren ist, sobald es um das Zusammenführen von zwei Kulturperspektiven, die sich sprachlich ausdrücken, geht und die Verständigung über die kulturellen und sprachlichen Unterschiede hinweg ermöglicht wird, sind wir nach dem jetzigen Stand der Translationswissenschaft berechtigt, von *Translation* zu sprechen.

Die Translationswissenschaft kann nur mittels Translation mit der Öffentlichkeit kommunizieren. Diese Kommunikation ist dann gleichzeitig die Erklärung der Translationswissenschaft und die gesellschaftlich relevante Anwendung ihrer Theorien.

Es profitieren schließlich alle, die mit Menschen aus anderen Kultur- und Sprachgemeinschaften kommunizieren, von der Erkenntnis, dass diese Kommunikation durch Translation erleichtert und bewusst gestaltet werden kann. Immer dann, wenn unterschiedliche Diskurse aufeinander treffen und Verständigung zwischen diesen Diskursen erwünscht wird, hat Translation – und daher auch die professionelle Translationskompetenz ausgebildeter ExpertInnen – eine wichtige und tragende Rolle zu spielen. Wir leben in einer Zeit, in der AbsolventInnen eines Translationsstudiums immer größere Schwierigkeiten haben, eine adäquate Stelle als ÜbersetzerIn oder DolmetscherIn zu finden. Angesichts dieser Tatsache ist es umso wichtiger, die vielseitige Einsetzbarkeit der translatorischen Kompetenz ins Bewusstsein der AbsolventInnen und der Öffentlichkeit zu rufen. Das neue Bachelorstudium *Transkulturelle Kommunikation* berücksichtigt sowohl die Vielfalt der translatorischen Kompetenzen als auch deren Anwendbarkeit in vielen Bereichen der Arbeitswelt und will damit auch dazu beitragen, die beruflichen Aussichten aller am Zentrum für Translationswissenschaft ausgebildeten AbsolventInnen zu verbessern.

Was nun?

Welche praktische Relevanz haben diese Schlussfolgerungen für *Ihr* Leben?

Die Erkenntnis der grundlegenden Zusammenhänge zwischen Wissenschaft, Translation und Kommunikation kann für Ihr Studium und Ihre Berufspraxis von wesenhafter Bedeutung sein – wenn Sie dies zulassen. Denn diese Erkenntnis bewirkt eine Reihe anderer Erkenntnisse, die Ihre Handlungen und Entscheidungen prägen und bestimmen können:

Wissenschaftlichkeit ist keine Berufskleidung, die wir nur für bestimmte Anlässe anlegen. Sie ist eine *Haltung*, ein Modus, die Welt zu betrachten und speziell den Teil der Welt, der Realität, zu beobachten, in dem wir beruflich tätig sind. Die wissenschaftliche Betrachtungsweise macht es möglich – ja eigentlich notwendig –, über das eigene Handeln und das der anderen zu reflektieren und es zu hinterfragen. Nicht nur im Beruf, sondern bereits im Studium.

Die wissenschaftliche Haltung ermöglicht eine kritische Distanz in Bezug auf unser eigenes Wissen und auch das der anderen. Sie lässt uns die unvermeidbare *Subjektivität* des Erkenntnisprozesses nicht vergessen und erinnert daran, dass es keine absolute, endgültige wissenschaftliche Wahrheit gibt: Es gilt, *immer* nach dem Warum zu fragen.

Sie können sich persönlich für oder gegen die Wissenschaftlichkeit als Lernmodus entscheiden: Wollen Sie verstehen, nach dem Warum fragen und Zusammenhänge suchen? Wirklich *erkennen*, worum es geht oder gehen kann? Oder wollen Sie „Tatsachen" sammeln, das vorgefertigte Erkenntnisprodukt anderer Menschen kritiklos übernehmen?

Es ist natürlich möglich, ein Studium abzuschließen und auch einen Beruf einigermaßen adäquat auszuüben, ohne zu verstehen, was man eigentlich tut. Die Frage ist aber: Wollen Sie das?

Was haben *Sie persönlich* von einem Studium, während dessen *Sie selber* nichts erkennen? Oder von einem Beruf, in dem Ihr eigener Erkenntnisprozess keine Rolle spielt?

Im Kontext unserer Disziplin hängt die Frage des Berufes unmittelbar mit dem Erkennen zusammen. Translatorische Expertise ist eine hochkomplexe Synthese unterschiedlicher Fähigkeiten, die alle auch als einzelne Kompetenzen auf dem Arbeitsmarkt verwertbar sind. Der Translationsbedarf, so wie der Kommunikationsbedarf, ist allgegenwärtig. Der Markt ist aber noch nicht erschlossen – zum Teil deswegen, weil der Bedarf nicht identifiziert, nicht benannt, nicht formuliert worden ist. Mit anderen Worten, es fehlt an Kommunikation darüber.

Die Erkenntnis dessen, was Translation ist, macht uns bewusst, dass sie ein integraler Teil fast jeglicher Kommunikation ist und dass wissenschaftlich ausgebildete TranslatorInnen das Know-how besitzen, eine Vielzahl von Kommunikationsproblemen zu lösen, die weit über das konventionelle Übersetzen und Dolmetschen hinausgehen.

Dieses Bewusstsein bewirkt ein *Selbst-Bewusst-Sein* – ein Erkennen der eigenen Fähigkeiten, deren Wert und deren konkrete Einsatzmöglichkeiten in der beruflichen Praxis. Ohne diese Erkenntnis können wir nicht wirklich wissen, was wir tun. Und ohne dieses Wissen können wir niemandem verständlich machen, was wir tun können.

Konkret bedeutet das: Ohne die wissenschaftliche Haltung zur eigenen Praxis werden wir nie neue Berufsprofile entwerfen, vermarkten oder vertreten können.

Die wissenschaftliche Auseinandersetzung mit der Praxis der Translation ist notwendig für die erfolgreiche Kommunikation darüber: Die Wissenschaft macht es uns möglich zu sagen, was Translation ist und was TranslatorInnen können.

Die Kommunikation ist notwendig, um die Einsatzmöglichkeiten auf dem Arbeitsmarkt zu definieren, und nicht nur für die gesellschaftliche Anerkennung der Translationswissenschaft. Letztere würde aber umso leichter gelingen, wenn der praktische Nutzen der Translationswissenschaft in der Form einer effizienteren und gewinnbringenden Arbeitsteilung gezeigt werden könnte.

Wir brauchen die Wissenschaft, um zu verstehen, was wir tun, d.h. um die Translation zu erklären. Wir brauchen die Kommunikation, um diese Erkenntnisse innerhalb und außerhalb der Wissenschaft zu vermitteln. Und wir brauchen die Translation, damit diese Kommunikation gelingt.

TranslatorInnen sind immerhin ExpertInnen in Kommunikation – und die Translationswissenschaft analysiert und beschreibt diese Form der Kommunikation. Wir brauchen nur in Bezug auf uns selbst das zu tun, was wir beruflich für andere tun: Die Dinge verständlich machen.

Quellen und weiterführende Literatur

Barta, Heinz / Grabner-Niel, Elisabeth (Hg.) 1996. *Wissenschaft und Verantwortlichkeit. Die Wissenschaft – eine Gefahr für die Welt?* Wien: WUV-Universitätsverlag.

Darwin, Charles. 1859. *The Origin of Species by Means of Natural Selection.* (Burrow J. W. (Hg), 1985, Harmondsworth: Penguin Books)

Euklid. 2003. *Die Elemente.* Übersetzt und herausgegeben von Clemens Thaer. Frankfurt am Main: Harri Deutsch.

Gieryn, Thomas F. / Bucchi, Massimiano. 1998. *Alternative Routes in Scientific Communication.* New York/London: Routledge.

Krings, H.P. 1986. *Was in den Köpfen von Übersetzern vorgeht.* Tübingen: Gunter Narr.

Schenk, Michael. 2000. *Soziale Netzwerke und Massenmedien.* Tübingen: Mohr Siebeck.

Mira Kadrić

Dolmetschen bei Gericht

Erwartungen – Anforderungen – Kompetenzen

2., vollständig überarbeitete Aufl.

WUV 2006
257 Seiten, broschiert
ISBN 978-3-85114-954-8
EUR 19,90 / sFr 34,90

Dieses Buch ist das erste grundlegende Werk zum Thema Gerichts- und Behördendolmetschen im deutschsprachigen Raum. Ausgehend von den theoretischen Grundlagen des translatorischen Handelns und den rechtlichen Bedingungen dieses Arbeitsfeldes wird die Dolmetschpraxis anhand von empirischen Untersuchungen systematisch dargestellt und kritisch beleuchtet. Eine Umfrage und eine Fallstudie zeigen, dass das Berufsbild und die Erwartungen, die in der Praxis an GerichtsdolmetscherInnen gestellt werden, oft weit auseinander liegen. Daran anknüpfend entwickelt die Autorin Vorschläge für eine spezifische Ausbildung im Bereich des gerichtlichen Dolmetschens.

facultas.wuv **www.facultas.at**